■ 本书受厦门大学哲学社会科学繁荣计划的资助

厦门大学公共事务学院文库

ZHIDU BIANQIANZHONG DE DIFANG ZHENGFU ZIZHUXING

Zhidu Bianqianzhong De Difang Zhengfu Zizhuxing

制度变迁中的地方政府自主性

李剑 著

中国社会科学出版社

图书在版编目（CIP）数据

制度变迁中的地方政府自主性／李剑著．—北京：中国社会科学出版社，2016.9

ISBN 978－7－5161－8492－9

Ⅰ.①制…　Ⅱ.①李…　Ⅲ.①地方政府—行政管理—研究—中国　Ⅳ.①D625

中国版本图书馆 CIP 数据核字(2016)第 146118 号

出 版 人　赵剑英
责任编辑　孔继萍
特约编辑　乔继堂
责任校对　石春梅
责任印制　何　艳

出　　版　中国社会科学出版社
社　　址　北京鼓楼西大街甲 158 号
邮　　编　100720
网　　址　http：//www.csspw.cn
发 行 部　010－84083685
门 市 部　010－84029450
经　　销　新华书店及其他书店

印刷装订　北京市兴怀印刷厂
版　　次　2016 年 9 月第 1 版
印　　次　2016 年 9 月第 1 次印刷

开　　本　710×1000　1/16
印　　张　11.75
插　　页　2
字　　数　170 千字
定　　价　46.00 元

厦门大学公共事务学院文库

编　委　会

总　序

公共事务是一个涉及众多学科的重大理论与实践领域，既是政治学与行政学（或公共管理学）的研究对象，也是法学、社会学和经济学等学科研究的题中之义。公共事务研究是国家的一个重大战略要求领域。随着全球化、市场化、信息化以及数据化、网络化和智能化时代的来临，当代国内外的公共事务的理论和实践都发生了深刻变化；我国改革开放和现代化建设急需公共事务及其管理的创新研究。党的十八届三中、四中全会分别做出了《中共中央关于全面深化改革若干重大问题的决定》和《中共中央关于全面推进依法治国若干重大问题的决定》，提出了“推进国家治理体系和治理能力现代化”以及依法治国的改革总目标。

全面深化改革，国家治理现代化，依法治国，决策的科学化民主化，都迫切需要公共事务及其管理理论的指导及其知识的更广泛应用。这为中国公共事务研究提供了前所未有的发展机遇。改革与发展中的大量公共管理与公共政策问题需要系统研究，国家治理的实践及其经验需要及时总结。新形势要求我们迅速改变公共事务及其管理研究滞后于实践发展的局面，推动中国公共事务及其管理的理论创新，以适应迅速变化着的实践发展需要。这是我们继续出版《厦门大学公共事务学院文库》这套丛书的初衷。

厦门大学政治学、行政学和社会学学科具有悠久的历史。早在20世纪20年代中期，我校就设立了相关的系科，中间几经调整分合及停办。20世纪80年代中期，作为国内首批恢复政治学与行政学学科的重点综合性大学之一，我校复办政治系，不久更名为“政治学与行政学系”，随后社会学系也复办了。2003年，由我校的政治学与行政学系、社会学系和人口研究所三个单位组建了公共事务学院，2012年学校又批准成立了公共政策研究院。

经过三十年的发展，我校的公共管理与公共政策、政治学和社会学等学科已经取得了长足的发展，迈进了国内相关学科的前列。学院及研究院拥有公共管理、政治学2个一级学科博士点和博士后科研流动站，人口、资源与环境经济学二级学科博士点（国家级重点学科），社会学二级博士点和博士后科研流动站，公共管理硕士（MPA）和社会工作2个专业学位，“行政管理”国家级特色专业，公共管理、政治学和社会学3个福建省重点学科，厦门大学“985工程”及一流学科建设项目——公共管理重点学科建设平台，福建省2011协同创新中心——“公共政策与地方治理协同创新中心”，福建省文科重点研究基地——“厦门大学公共政策与政府创新研究中心”和福建省人文社科研究基地——“厦门大学公共服务质量研究中心”以及多个人才创新或教学团队。此外，学院还建立了设备先进的公共政策实验室。

本学院及研究院已形成一支包括多名教育部“长江学者”特聘教授或讲座教授及中组部“万人计划”人才在内的以中青年教师为主、专业结构比较合理、创新能力较强的人才团队，并形成了包括公共管理理论、公共政策分析、政府改革与治理、公共服务及其管理、公共部门绩效管理、人才发展战略、社会管理及社会保障、国家学说、新政治经济学、政治社会学、社会性别与公共事务在内的多个有特色和优势的研究领域或方向。

作为厦门大学公共事务学院和公共政策研究院以及“厦门大学哲学社会科学繁荣计划”和2011省级协创中心等项目或平台的研究成果，《厦门大学公共事务学院文库》围绕公共事务及其管理这一核心，遴选我院教师的各种项目研究的成果以及优秀博士论文汇集出版，旨在显示近年来我院公共事务及相关学科的研究进展，加强与国内外学界的交流，推进我国公共事务及相关学科的理论创新与知识应用。

陈振明

于2016年8月28日

目　录

第一章

导　论

第一节　央地关系与地方政府行为

“所有的政治都是地方性的。”对中国这样一个超大规模政治共同体，地方治理历来是关系着国泰民安甚至国家兴衰的要害，“地方政治一向是中国政治史上最大一问题。因为中国国家大，地方行政之好坏，关系最重要”①。传统中国的中央与地方关系，具体结构自然历代有异，至少在其常态下素被名为“中央集权”，中央政府对主要权力的独断式掌控被认为具有天然的正当性，在其下的多级地方政府实为中央政府的“代理人”，其权力和资源都出于自上而下的授予。此格局一经形塑饱经争议，频见于古人对“封建、郡县与自治”制度优劣的讨论中。有识者注意到，在中央集权的体制下，固然最大限度节制了地方尾大不掉、割据自雄的隐患，但“权归于上，一兵之籍，一财之粟，一地之守，皆人主自为之”的谨小慎微却易陷入“州郡日就困弱”的地方治理困境中。是故早有思想者在反思如何在大一统的框架下赋予地方更多

① 钱穆：《中国历代政治得失》，生活·读书·新知三联书店2001年版，第114页。

自主权的问题。[①] 近代封建王朝覆灭、现代国家初建，许多政治人物和思想者在新的历史背景之下反思央地关系和地方治理的议题，联邦制、地方自治等源自异域的理论源流也纷纷阑入。尽管中华人民共和国基本选择了单一制的国家结构模式，但面对社会主义现代化探索中的新挑战新问题，毛泽东的《论十大关系》也不免对此有所创意，进而提出"巩固中央统一领导的前提下扩大地方的权力、发挥中央和地方两个积极性"的思路。然而其后现代化探索的挫折使此思路并未得到有效拓展成长，计划经济为基础的高度集权结构屹立难撼。

党的十一届三中全会以来，改革开放的浪潮席卷着中国的经济、社会与治理体制，至今声势未减。传统高度集权结构的全面危机，被视作改革的重要背景，权力下放与市场化也成为改革进程的重要战略支柱。[②] 时至今日，虽然在基本制度结构层面，中国保持着典型的单一制中央集权国家特征，杨光斌将这种格局概括为政治单一制（即政治上的中央集权）同经济联邦主义（经济上的地方治理与自治）并存的二元结构，[③] 但权力下放和市场化为中心的改革，显然已深刻改变了中央与地方各自的角色与行为模式。

许多学者注意到，随着分权与市场化改革的深入，央地关系中容纳了越来越多的谈判与交换，中央与地方之间已不再是简单的命令—服从关系，而是具备了更多互动的色彩。[④] 其中极为典型的案例便是分税制

---

① 参见牛铭实《从封建、郡县到自治：中国地方制度的演变》，《开放时代》2004 年第 6 期。

② 邓小平在 1980 年的讲话中，尖锐地指出党和国家领导制度的弊端就是权力过分集中。而党的十三大报告中更明确指出，我国政治体制的重大缺陷主要是权力过分集中，官僚主义严重。参见邓小平《党和国家领导制度的改革》，《邓小平文选》第 2 卷，人民出版社 1994 年版，第 321 页。

③ 杨光斌：《中国经济转型时期的中央—地方关系新论》，《学海》2007 年第 1 期。

④ 郑永年便着力分析了谈判与互惠的机制在央地关系中日渐凸显的重要性。参见郑永年《中国的行为联邦制——中央与地方关系的变革与动力》，邱道隆译，东方出版社 2012 年版，第 47 页。

构建的进程，为取得地方各省对新财税分配体制改革的支持，国务院领导人竟然要逐省奔走，进行艰难的“巡回谈判”。[①]

改革也引发了地方政府行为模式的显著变化。政府在地方经济社会现代化进程中扮演了更积极的角色，地方政府广泛深入地参与了经济社会的发展与探索，推动着多种富有地方特色的发展模式的出现，如发展私营企业的“温州模式”、发展乡镇企业的“苏南模式”、广东吸引外资的“外商合资企业模式”等。[②] 地方层面的制度创新构成了中国社会经济快速发展的重要推动力。而在基层民主、公共事业管理、公共服务等治理议题上，地方政府也表现出卓越的创新能力，以至于研究者试图将其设想为中国政治发展的试验场和发源地。[③]

然而，除了华丽的外表，还有另一重景象同等真实而令人惊异：地方成为改革引发的种种新矛盾爆发的舞台。急迫的经济发展规划与政策触动了公民日趋敏感的利益神经，征地拆迁、真实或潜在的环境污染等问题都很容易成为怨愤的来源，地方政府往往就是怨愤的矛头所指。“上访”成了公众矛盾的常见解决方案，各地民众不满地方行政而到上级机关“讨个说法”的活动有增无减，地方政府的信任危机因此也在不断加剧。[④] 每一次的地方治理中出现的危机都易成为公众与舆论对地方政府展开大批判的契机，进而牵连出对当下央地关系格局的特定判

① 赵忆宁：《分税制决策背景回放——地方谈判南征北战十七省》，《瞭望》2003年第37期，第20—21页。

② 杨光斌：《中国经济转型的国家权力》，当代世界出版社2003年版，第130页。

③ 参见杨雪冬、赖海榕主编《地方的复兴——地方治理改革30年》，社会科学文献出版社2009年版。

④ 中国社会科学院社会学所主持的全国社会状况综合调查显示，公众对中央政府的信任程度远高于对地方政府的信任，http://news.cctv.com/china/20070523/102395.shtml。而在一次对于“5·12大地震”灾民的调查显示，对于各级政府在救灾中的表现，中央政府得到的评价最高，本省的地方政府和居委会及村委会等基层组织的表现获评较低，甚至不如国际救援队，http://news.wenweipo.com/2008/06/19/NN0806190004.htm。

断。“政不出中南海”的声音在20世纪90年代以来便层出不穷，在许多人看来，诸种乱象事实上是中央层面对地方政府相当程度上约束失效的结果。诡异的是，地方政府也在不断地抱怨中央政府控制地方的力度越来越大，地方政府的工作诸多掣肘。[①]

地方政府行为的多样性与央地关系的矛盾性暗示，简单地对地方政府的种种行为加以价值评判并无益于找到问题的症结。问题本身反倒可以牵引出更饶有趣味的设问：在中国这样一个仍被视为政治上集权的国家，地方政府在哪些层面获得了行为选择空间？这种行为选择空间的范围有多大？地方政府的自主行为表现如何？在中央集权体制下，如何创设出一种更合时宜的央地关系模式，在抑制地方政府负面行为的同时，促成地方政府行为的正面发育？对此类问题的解答，既涉及对转型时期中国地方治理机制的审视，也包含对当前中央与地方关系内在困境的探索。如果以此思路重新更改上述问题的表达方式，毋宁说起点和关节点对人们如何去理解改革开放以来“地方政府自主性”的生成机理，在央地关系变动不居的格局下地方政府自主性又演化出何种特质，形成了什么样的治理结果有所裨益。

第二节　地方政府自主性的“发现”与探索

“地方自主性”或“地方政府自主性”现已成为中国政治特别是中央与地方关系的研究中极为常见的名词，这自然与权力下放的改革路径密切相关。如徐勇所言，中国改革开放的起始点和最大的成果之一，就是“对统制主义的突破和自主性的生成。这种自主性来自对个人利益的承认和基于个人利益追求所形成的理性知识”。“中国的改革开放正是从农民个人，到基层组织，再到地方，一步步扩大其自主权，增强其自

① 肖立辉：《县委书记眼中的中央与地方关系》，《经济社会体制比较》2008年第4期。

主性而取得成效的。"[①] 刘亚平在研究地方政府间竞争时也注意到了分权改革所带来的地方政府自主性的提升，以及"竞争主体的自主性增强带来差异性日益明显"的问题。[②] 然而，此议题的明确呈现经历了一个漫长的学术探索历程。我们可以从海内外地方对政府行为研究中梳理出这种视角的演变脉络。

一 央地关系的宏观透视：权威主义与联邦主义

极权主义模型（totalitarian model）曾是20世纪80年代之前西方对包括中国在内的共产主义国家进行研究时最具代表性的分析框架。弗里德里希与布热津斯基概括出极权主义统治的六个特征，即人人必须遵从的官方意识形态、唯一的群众性政党、由政党或秘密警察执行的恐怖统治、对大众传媒的垄断、现代的人身与心理的控制技术、中央组织与控制整个经济。[③] 自其诞生以来，极权主义模型便饱受抨击。主要批评意见在于其静态性和宏大性无法解释共产主义体系内部的变化，例如苏联在赫鲁晓夫时期发生的变革、毛泽东时代为了发挥地方主动性曾大力推动的分权化运动。从根本上，极权主义范式的关注重点本就不是地方治理这一相对具体而微观的领域，而是国家权力对于社会总体全面的深入控制。

随着资料获取便利性的增加和研究视角的深化，学者们更清晰地认识到，中国官僚政治体制并非铁板一块，中央政府对各种官僚利益集团的控制力实际上面临相当大的限制。这便有了所谓"碎片化权威主义"范式的出现。碎片化权威理论的代表人物李侃如和兰普顿在其合著的

---

① 沈德理：《非均衡格局中的地方自主性——对海南经济特区（1998—2002）发展的实证研究》，中国社会科学出版社2004年版，第12—13页。

② 刘亚平：《对地方政府间竞争的理念反思》，《人文杂志》2006年第2期。

③ Carl J. Friedrich and Zbinginew K. Brizezinski, *Totalitarian Dictatorship and Autocracy*, New York: Harvard University Press, 1956, pp. 3 – 13.

《中国的决策：领导人、结构和过程》[①] 一书中开宗明义："我们揭示出的是一个碎片化的、分割的、分层的国家结构，这促成了相关部门之间进行谈判、讨价还价和寻求共识的体制。政策过程在此领域是不连贯的、耗费时日的、渐进性的。"碎片化权威结构的一个主要表现就是中央和地方之间的关系。李侃如注意到了财政改革以及其他变化带来了地方自主性的增强："中央与省关系的主要特征就是，这里存在着密集的讨价还价现象，任何一方都不能全然忽略对方的利益和需要。中央与省的关系变化通常都是边际性的调整。它对双方的关系平衡所产生的影响，常常没有公开宣传所强调的变化将要带来的影响那样显著。情况常常是，对增加省的权力的公开认可，伴随着一个有利于中央的默不作声的、补偿性变化。并且中央政府对各省控制的程度是有很大差异的，而各省同中央进行讨价还价的能力也是不相同的，取决于它们的财力、策略、人际关系、领导人的聪明才智和抱负。"[②]

碎片化权威理论启示了后来者：即便在高度集权的体制下，体制内结构与行动者的多元化也注定了权力的缝隙是无处不在的。随着意识形态和中央计划经济体制等传统控制手段的弱化，中央动员及整合国家机器内不同部分能力的下降，权力的缝隙可能会大大扩张。而此种局面在改革开放时代的分权与市场化改革中日渐清晰，这便有了所谓"联邦主义"视角的出现。

郑永年、吴国光通过对改革开放后中央与地方互动模式变化进程的研究，提出了"行为式联邦"的概念。"在各种各样的中央与地方之间的谈判之中，中央和地方之间的权力互动出现了相对的平衡和制约：中央不能压倒地方，地方也没有办法脱离中央。"[③] "从本质上说，这样的

---

① Kenneth Lieberthal and Michel Oksengerg, *Policy Making in China: Leaders, Structures, and Processes*, Princeton: Princeton University Press, 1988, p. 139.

② Kenneth Lieberthal and Michel Oksengerg, *Policy Making in China: Leaders, Structures, and Processes*, Princeton: Princeton University Press, 1988, p. 139.

③ 郑永年、吴国光：《中央—地方关系：中国制度转型中的一个轴心问题》，香港牛津大学出版社1994年版，第41页。

中央和地方之间的权力平衡和制约，就是所谓‘联邦制’的实质内容。在这个意义上，我们因此可以说在中国已经出现了事实上的‘半联邦制’或‘准联邦制’。不过，这种‘联邦制’的特点是非制度化的。就是说，这种‘联邦制’并不是用宪法规定下来的，并不是直接表现在国家的规范政治结构中的，而是在实际的权力运作中形成的，是通过中央和地方之间在多种多样的相互谈判的行为中表现出来的。所以我们不妨称之为‘行为性联邦’。"① 此后，郑永年进一步发展了"行为联邦制"的理论，提出"这是一种相对制度化的模式，它包括了中央和各省之间一种显性或隐性的谈判"②。并且指出，这种定义之所以成立，是因为它满足以下条件。

它有一个按照等级来划分的政治制度。各级政府都有一些它可以做出最终决定的事务。

政府间放权的制度化达到了这样一个程度：中央政府单方面强加它的决定给各省并改变政府之间的权力分配，就算不是不可能，也逐渐变得更加困难。

各省在它们的管辖权之内，对经济事务和某种程度的政治事务负主要责任。③

钱颖一、温格斯特等人则基于对财政分权的分析，提出中国的央地关系呈现维持市场型联邦主义（market-preserving federalism）特征。他们认为，以财政承包制为核心的分权，赋予了地方政府管理经济社会自主权限的同时，也客观上形成了地方政府对中央政府的制约。"由于联邦性的制度把权力、资源和信息从中央政府下放给了地方政府，这就给

---

① 郑永年、吴国光：《中央—地方关系：中国制度转型中的一个轴心问题》，香港牛津大学出版社 1994 年版，第 42 页。

② 郑永年：《中国的行为联邦制——中央与地方关系的变革与动力》，邱道隆译，东方出版社 2012 年版，第 35 页。

③ 同上。

了地方政府部分保护它们新确立的权力的激励与工具。”①

与此类侧重于地方政府特殊利益、权力能动性的论说相对，皮尔·兰德里（Pierre F. Landry）在2008年的著作《分权化权威主义》中则强调了中央政府在分权化浪潮中对地方控制机制的改进与创新。兰德里指出，中央政府采用了各种全新的办法尽力完善对地方政府的纵向问责机制，例如党对干部的人事任免与晋升机制，并将其视为理解中国政党国家体制持续性的关键所在。“政治控制是有效约束地方决策者选择范围的规则与制度设计”“人事政策堪称中国地方行为体在改革中的偏移倾向与政权稳定性之间的中介变量”。②

“联邦主义”与“权威主义”的宏观界定及其对立性描述，显示了改革时代央地关系的复杂面向，也滋生出诸多疑问。正如郁建兴所说，问题在于基于收益最大化的地方自主同来自高层的纵向问责机制之间，到底何种逻辑支配了地方政府的行为模式。③ 要回答这一疑惑，尚有待于深入到地方政府治理实践的进程本身。

二　地方国家的变迁

上述各种模式都更着重于从中央政府与地方政府的权力结构来审视地方政府，而随着中国社会开放程度的扩大和研究资料的日渐丰富，地方政府与地方市场主体、民间组织的关系逐渐进入了研究者的视野。

---

① Yingyi Qian and Barry R. Weingast, “Federalism as a Commitment to Preserving Market Incentives”, *Journal of Economic Perspectives*, Vol. 11, No. 4, Fall. 1997, pp. 83 – 92. Barry R. Weingast, “The Economic Role of Political Institutions: Market-Preserving Federalism and Economic Development”, *Journal of Law, Economics, & Organization*, Vol. 11, No. 1, Apr. 1995, pp. 1 – 31.

② Pierre. F. Landry, *Decentralized Authoritarianism in China: The Communist Party's Control of Local Elites in the Post-Mao Era*, Cambridge University, 2008, p. 25.

③ 参见郁建兴、高翔《地方发展型政府的行为逻辑及制度基础》，《中国社会科学》2012年第5期。

苏慧文（Vivienne Shue）在运用国家—社会二元分析方法研究中国农村社会结构时，认为毛泽东时代周期性地倡导农村自力更生政策，有利于地方官员自主空间的拓展，以至于地方政府的相对独立性可能强大到能阻断国家或上级对农村社会渗透的程度，并由此造成了中国社会内部区域之间相对分割，相互之间缺乏有机联系的“蜂窝状”的社会结构特征。[①] 戴慕珍（Jean. oi）也注意到一个悖论性的现象：在改革开放之前，一方面，国家制定政策的自主性程度相当高，几乎没有其他的社会力量能够有实质意义地介入政策过程或对某一项政策提出有力的挑战；另一方面，政策的执行过程却不能保持像政策制定过程那样高的自主性，政府执行政策的能力不同程度地受到各种复杂因素的影响。在实际的基层社会生活中，政策的实际影响力是极为有限的，其主要作用仅在于界定合法行动的边界。[②] 概括地讲，在“蜂窝状”结构中，地方和企业实际上形成了自给自足的封闭体系，整个国家似乎是由互不相关的单位所组成，各部门遵循自力更生的原则，处于十分分散的状态。[③]

以“蜂窝状”结构理论为中心，一些国内学者也对中国社会的组织结构进行了进一步的探究。陆德泉将改革前中国社会高度组织化与组织体系的低度整合并存的现象称为“高度组织化国家内的低度整合”（minimal integration within the highly organized state）。[④] 孙立平将“蜂窝状”结构存在的根源归结为集权型体制与不完备的技术手段之间的内在张力，并提出社会结构上的低度整合，主要表现为政策运作中“变通”方式的普遍运用，它在客观上赋予地方丰富的灵活性和自主性的同时，

---

① Vivienne shue, *The Reach of the State*: *Sketches of the Chinese body politics* , Standford : Standford University Press, 1988.

② Jean Oi, *State and Peasant in Contemporary China*: *the Political Economy of Village Government.* , The University of California Press, 1989.

③ 参见 D. H. 帕金斯等《走向 21 世纪：中国经济的现状、问题和前景》，陈志标编译，江苏人民出版社 1992 年版，第 34—36 页。

④ 参见陆德泉《关系——当代中国社会的交换形态》，《社会学与社会调查》1991 年第 5 期。

也使国家意志的贯彻遇到了许多障碍。①

苏慧文认为家庭联产承包责任制后，乡村政治经济结构正在从毛泽东时代的“蜂窝状”结构向网络结构转变，国家权力深入基层的新形式和基层政治本身的变化，使国家权力可以真正渗透社会，有利于加速社会现代化与一体化。而更多的学者则认为改革以来的地方化和部门化趋势恰恰进一步强化了“结构蜂窝化”的问题。如戴慕珍就批判了苏慧文市场经济的发展能够打破中国地方政治“蜂窝状”结构的假设，认为正是市场经济的发展使地方自主性增强，地方倾向和保护主义增加。②

地方政府自主性增强的重要证据来自于沃尔德和戴慕珍对地方政府在市场转型中角色的研究。③ 沃尔德指出，市场转型使中国地方政府越发像一个庞大的工业组织，既卷入了市场经济本身之中，也是经济市场发展的主导力量。政府不但通过制定各种法规来规范管理市场，而且直接参与市场活动，成为市场中重要的参与者。参与市场活动不但成为政府发挥权力作用的机会，而且也让政府机构和政府官员直接从中获得了经济回报。这便是所谓“政府即厂商”著名论点。沃尔德认为，越是远离中央权力的政府越有能力成为“厂商”，因为远离中央

---

① 孙立平：《向市场经济过渡过程中的国家自主性问题》，《战略与管理》1996年第4期。

② Jean Oi, *Rural China Takes off*: *Institutional Foundations of Economics*, Berkeley: University of Califomia Press, 1999.

③ 法团主义（corporatism）理论模式最早源于西方政治学界对拉丁美洲及南欧权威主义国家的国家与社会关系研究，其分析研究的重点是强权政府与大的社会利益集团之间相互依赖的关系及其对社会经济生活的影响。张静认为，法团主义指的是一种体制现象：代表功能利益的垄断组织与国家之间建立常规协商关系，它们为有关的公共政策提出意见，作为交换，国家要求它们必须说服其成员与国家合作来实现政策的有效实施。法团主义体制有不同的表现形式。社团化的法团主义（liberal and societal corporatism）所体现的是制度化的协商（institutionalized bargaining）机制，协商由各方自愿进行，不受政府直接控制。在国家化的法团主义（authoritarian or state corporatism）体制中，决策权主要由政府来掌握，甚至连法团主义组织都要由政府来创建并管理。参见张静《法团主义》，中国社会科学出版社2005年版，第25页。

权力意味着自主能力的提高，同时由于中央政府对这些政府的监控能力下降，使它们能够比较直接地控制和享有从市场经营中获得的利润。①

戴慕珍的“地方国家法团主义”（local state corporatism）则与此相呼应，在戴慕珍看来，中国的财政体制改革以及农村非集体化组织的变化，促进了乡镇政府和本地企业的相互依赖。在经济发展过程中，地方政府协调辖区内各经济事业单位，似乎是一个从事多种经营的实业公司，地方政府角色及其与企业的关系由此发生了重大变化，地方官员把辖区的企业当作一个市场取向的公司来管理，地方官员则成为市场取向的代理人和行动者，政府与企业的关系演变为类似工厂或公司内部的结构关系。②

维克托·倪（Victor Nee）曾认为，地方经济的新机遇为个人提供了独立于地方干部对财政及其他资源的控制权，削减了行政性再分配的能力，而且使得“市场资本”（market capital）的横向联系加强，“政治资本”（political capital）的纵向联系减弱。③ 但更多研究者倾向于判定，市场化的改革不仅没有削弱地方官员的权力，地方政府反而通过对各种资源的控制而强化了权力。大卫·文克（David Wank）的“共存庇护主义”（clieniialism）理论指出，在市场化的过程中，原先私营企业与政治权力之间的“单向依赖”已演变为一种“共存依赖”。政府官员依赖私营企业解决当地的就业问题、促进社会经济生活中的合作关系，以及获取贿赂受益等；同时，由于地方政府仍然具有很大的控制权力，如对稀缺资源的控制，对私营企业主社会地位的影响等，因而私营企业主往往也依赖政治权力获取资源，并利用权力的庇护关系避免政治和政策的

---

① 参见边燕杰主编《市场转型与社会分层——美国社会学者分析中国》，生活·读书·新知三联书店 2002 年版，第 27—28 页。

② Jean C. Oi, “The Role of the State in China's Transitional Economy”, *The China Quarterly*, No. 144, 1995, pp. 1332 - 1349. 转引自何显明《市场化进程中的地方政府行为逻辑》，人民出版社 2008 年版，第 26 页。

③ ［美］托尼·塞奇：《盲人摸象：中国地方政府分析》，《经济社会体制比较》2006 年第 4 期。

任意干涉。[1] 林南（Lin Nan）以天津大邱庄为个案的研究，则强调地方权力与稳定的利益集团的结合，已经在中国基层产生了一种新的制度形式，它是一种既非市场、亦非正式组织的形式，它反映了现有政体、社会关系、家族网络和文化背景的相互渗透和融合。林南将其定义为“地方性市场社会主义”。[2]

借助比较政治学内“发展型国家”概念，郁建兴等人还在地方治理的探索中提出了“发展型地方政府”或“地方发展型政府”这一概念，用以整体地刻画地方政府在市场化进程所衍生出的特质。“地方发展型政府是指发展中国家在向现代工业社会转变的过程中，以推动经济发展为主要目标，以长期担当经济发展的主体力量为主要方式，以经济增长作为政治合法性主要来源的政府模式。”[3]

三　地方政府行为的激励机制

“地方法团主义”“地方性市场社会主义”“地方发展型国家”等理论为我们理解地方政府治理现象提供了具有一定解释力的中观认知框架。当涉及地方政府具体行为逻辑时，自利性命题则成为一个显要的解释方案。例如，西蒙·范和格罗斯曼认为，中国地方官员在经济体制改革中已从没有产出的政治家演变为“有产出的经营者、企业家”，私人利益主导了地方政府官员的行为选择，私人利益的寻求往往以违法的形式出现。[4] 张静认为，基层政权的行动逻辑的根本性改变在于，它们逐

---

① 转引自周雪光《西方社会学关于中国组织与制度变迁研究状况述评》，《社会学研究》1999 年第 4 期。

② 林南：《地方性市场社会主义：中国农村地方法团主义之实际运行》，《国外社会科学》1996 年第 5—6 期。

③ 郁建兴、徐越倩：《从发展型政府到公共服务型政府——以浙江省为个案》，《马克思主义与现实》2004 年第 5 期。

④ 西蒙·范、格罗斯曼：《中国经济体制改革中的激励和腐败》，载胡鞍钢主编《中国：挑战腐败》，浙江人民出版社 2000 年版，第 149—163 页。

步演变为从事经营活动的“政权经营者”。[①] 杨善华、苏红在此基础上区分了“代理型政权经营者”和“谋利型政权经营者”两个概念，认为在市场转型过程中乡镇政权的角色已从“代理型政权经营者”向“谋利型政权经营者”演变，地方政府的自利性倾向越来越突出，并成为塑造地方政府行为的关键因素。[②]

无论是中观的界定还是自利性的具体定位，似乎都尚未触及地方政府所置身的另一些制度组织网络因素的重要影响。通过更细致地观察改革开放以来地方治理所置身的制度组织环境的演变，与市场化同样重要的政治激励机制、财政机制等方面也逐渐引起关注。

美国学者艾丁·玛利亚（Edin Maria）曾提出在集体企业发达的地区地方官员实际上成为经济操纵者，其角色堪比企业经理，这一观点似乎并未超越前述地方法团主义等模式的范围。但玛利亚在分析这种角色定位的形成时，强调政治激励（the political incentive structure）的作用。玛利亚指出，国家在经济上赋予地方自主权的同时，加强了对地方官员的行政和政治控制，以保证后者优先完成自己下达的任务。其中最重要的机制，是借鉴企业责任体系建立的干部责任体系，地方官员同上级签订绩效合同，他们必须对绩效负责。通过岗位目标责任制，党委控制着官员的任命、提升，并根据后者对自己下达的任务的忠诚和绩效决定他们的任用，从而在地方官员之间引入了有效的竞争机制。政治激励并不能替代财政激励，但它是解释乡镇干部推动经济发展更重要的因素。[③] 玛利亚认为这一解释模式解决了两个悬而未决的问题：一是地方收入的增长为什么会大量用于弥补行政经费的不足，以及地方公共

---

① 张静：《基层政权：乡村制度诸问题》，上海人民出版社 2007 年版，第 49—50 页。

② 杨善华、苏红：《从“代理型政权经营者”到“谋利型政权经营者”》，《社会学研究》2002 年第 1 期。

③ Edin Maria, *Market Forces and Communist Power: Local Political Institution and Economic Development in China*, Ph. D Dissertation, Sweden: Department of Government Uppsala University, 2000, p. 142. 转引自何显明《市场化进程中的地方政府行为逻辑》，人民出版社 2008 年版，第 38 页。

设施建设，而不是直接转化为官员福利；二是如果财政激励是主要的决定性力量，那么可以预言的是干部的腐败将比现在严重得多，但事实并非如此。因为对上负责的责任机制将腐败限制在了一定的范围之内。①

无独有偶，国内学者也注意到了政治—行政因素对地方官员行为的影响。周黎安便指出，地方官员不仅在经济上为财税和利润而竞争，同时也在官场上为晋升而竞争。同一行政级别的地方官员，无论是省市县还是乡镇，都处于一种政治晋升博弈，或者说政治锦标赛（political tournaments）状态中。官场竞争的逻辑甚至会改变由官员主导的经济竞争的方式和内容。周黎安构建了一个政治晋升博弈中政府官员的激励与合作的简单模型，其结论是：在地方官员的行为对邻近地区存在“溢出效应”的场合，政治晋升博弈的基本特征就是促使参与人只关心自己与竞争者的相对位次，在成本允许的情况下，参与人不仅有充分的激励去做有利于本地区经济发展的事情，而且也有同样的激励去做不利于竞争对手所在地区的事情（如阻碍外地产品进入本地市场）。换言之，对于那些利己不利人的事情激励最为充分，而对那些既利己又利人的双赢合作则激励不足。这就是为什么处于政治博弈中的政府官员不愿意合作却愿意支持恶性竞争的主要原因。②

周雪光以“逆向软预算约束”概念概括了基层政府自上而下的向所管辖区域的下属组织和个人索取资源的行为，并从组织分析的角度探讨了这类现象产生的渊源，认为在微观层次上，干部晋升制度的机制和信息不对称导致了基层政府官员追求资源密集型政绩工程的短期利益，为不断突破已有预算约束、追求预算外资源的政府行为提供了激励；在宏观层次上，组织制度自上而下的约束机制由于上下级政府官员的共同利

---

① Edin Maria, *Market Forces and Communist Power: Local Political Institution and Economic Development in China*, Ph. D Dissertation, Sweden: Department of Government Uppsala University，转引自何显明《市场化进程中的地方政府行为逻辑》，人民出版社 2008 年版，第 155—157 页。

② 周黎安：《晋升博弈中政府官员的激励与合作》，《经济研究》2004 年第 6 期。

益联合而难以有效运行，自下而上的企业或个人的抵制活动因组织程度的不对称而无法奏效，而权、责、利三位一体在实际运行中的分离导致责任目标制度的失败。因此，宏观组织制度难以对政府官员的行为实行有效约束。①

王星的论文《调控失灵与社会的生产：以房地产业为个案及个案拓展》，通过对中国“强政府”的国家体制对房地产业的调控失灵问题的探究，指出“地方保护市场主义”很大程度上是分权让利的制度改革的意外后果，中央政府与地方政府利益取向的不一致，导致了地方政府在房地产业调控上的不作为或者“象征性合作”。②

荣敬本等人提出的“压力型体制”概念堪称国内学界对地方政府运行机制研究最富有原创性的成就。③ 压力型体制“指的是一级政治组织（县、乡）为了实现经济赶超，完成上级下达的各项指标，而采取的数量化任务分解的管理方式和物质化的评价体系。为了完成经济赶超任务和各项指标，该级政治组织（以党委和政府为核心）把这些任务和指标，层层量化分解，下派给下级组织和个人，责令其在规定的时间内完成。然后根据完成的情况进行政治和经济方面的奖惩。由于这些任务和指标中一些主要部分采取的评价方式是‘一票否决’制，即一旦某项任务没达标，就视其全年工作成绩为零，不得给予各种先进称号和奖励，所以各级组织实际上是在这种评价体系的压力下运行的。”④ 压力型体制的激励意义，并不仅仅限于以职务晋升来调动政府官员的积极性，就实际影响的广泛性而言，毋宁说，其意义更在于它事实上建立起

---

① 周雪光：《逆向软预算约束：一个政府行为的组织分析》，《中国社会科学》2005 年第 2 期。

② 王星：《调控失灵与社会的生产：以房地产业为个案及个案拓展》，《社会》2008 年第 5 期。

③ 荣敬本、高新军、何增科、杨雪冬：《县乡两级的政治体制改革：如何建立民主的合作新体制》，《经济社会体制比较》1997 年第 4 期。

④ 县乡人大运行机制研究课题组：《县乡两级的政治体制改革，如何建立民主的合作新体制——新密市县乡两级人民代表大会制度运作机制的调查研究报告》，《比较经济社会体制》1997 年第 3 期。

一种“政治承包”机制。[1] 一方面上级政府下达各种经济社会发展指标，强化了下级政府的刚性责任[2]；另一方面压力型体制和政治承包机制也意味着下级政府获取了更大的自主性空间。就像经济承包制意味着“交足国家的，剩下都是自己的”一样，下级政府只要完成了各种任务和指标，上级政府往往便不再对它如何完成任务，以及指标之外的其他事务进行过多的干预。戴长征指出，如果说“财政包干制”和企业承包制使国家丧失了“包干外收益的索取权”，那么，行政过程中的“政治承包制”则意味着国家放弃了对承包外行政权力的监控权，国家首先设定了各种硬性指标和禁止性规范，只要部门、地方和基层达到了国家各项硬性指标的规定，不违背各项禁止性规范，它们的行动就是自由的。[3]

托尼·塞奇（Tony Saich）曾提到，不能单纯就经济改革论经济改革，而要看到经济改革带来的“地方政府与上级，以及与社会之间的权力分配”。[4] 必须把目光转向地方政府对改革政策的影响上来，因为中国的市场化改革已经在不同的地方造成了完全不同的后果。塞奇认为“政治契约体系”（the political contracting system）是一个被忽视的变量，“我们需要将注意力从将地方政府视为财政收入最大化者的纯粹的政治经济视角转移到政治动机上来，这些动机源自干部责任制、政治契约

---

① 杨雪冬：《市场发育、社会生长和公共权力建构》，河南人民出版社 2002 年版，第 153—154 页。

② 彭勃认为，在压力型体制下的公共事务管理具有“漏斗形”模型的特点，各种公共事务，不论大小，最终的具体操作还是会像漏斗中的水一样，一滴不剩地流到最基层。但是权力与资源的流向，却是一个类似“抽油烟机”的模型，由此造成事权与财权的严重不对称局面。彭勃：《国家控制和社区调解：以上海社区调解为例》，载刘建军主编《制度建设与国家成长》，上海辞书出版社 2003 年版，第 229—230 页。

③ 戴长征：《国家权威碎裂化：成因、影响及对策分析》《中国行政管理》2004 年第6 期。

④ ［美］托尼·塞奇：《盲人摸象：中国地方政府分析》，《比较经济社会体制》2006 年第 4 期。

制、以及地方政府和官员都需签订的岗位目标责任书。……岗位目标责任书并非不鼓励经济发展，但远不止如此，它明确规定这只是地方官员所需要履行的一系列复杂任务中的其中一个，这些任务还包括保持社会秩序、向上级政府上解税赋以及控制好计划生育指标等内容。地方各级政府之间存在着多种委托—代理关系。它们需要被更好地加以理解以便于促进对地方政府及其功能，以及地方官员的激励结构等方面的分析①”。

压力型体制以及政治（承包）契约体制的视角已跳出了经济学的财政激励理论范畴，把目光转向了地方政府的自主性行为在特定组织与制度约束下的行为逻辑上来。

四　委托—代理模型

近20年来，委托—代理问题也逐渐被中国政治研究者所关注。最早提及中国政治体系中代理问题研究的范畴是韦伯的经典作品《儒教与道教》。他从科举选拔、官员任职的地方回避制、监察制度等方面着手，集中考察了帝制中国中央政权对地方官员（代理人）的选择和控制问题。吉萨等人利用委托—代理模型，通过对财税系统的集中考察，分析中国明清两代贪污情况的数量和类别。他们将统治者看成委托人，而地方官员则是代理人，明清两代中国的财政系统的结构缺陷产生了代理理论中的测量问题（measurement problems）、代理人选择问题和监控问题，因此导致了贪污现象的恶化。② 委托—代理模型的适用性在于，正好对应了中国政治体制的重要特征：一个等级化的科层组织体系、实质上的自上而下权力授予、运行机制。

运用委托—代理模型讨论当代中国的地方政府行为已形成了丰富的

---

① ［美］托尼·塞奇：《盲人摸象：中国地方政府分析》，《比较经济社会体制》2006年第4期。

② 陈那波：《代理理论及其对中国政治的应用研究述评》，载陈明明编《权利、责任与国家》，上海人民出版社2006年版，第244—26页。

研究成果。戴慕珍就曾试图用委托人—代理人的角度去理解中央地方关系。她分析了影响着中央政权（委托人）和地方官员（代理人）之间的关系（包括行动、表现等）不断转变的制度因素，并认为制度的转变导致了乡镇企业的成功。这些制度的两个巨大变化是：产权的重新界定和财税体制改革，这两个变化导致了地方法团主义的产生。转变的制度条件使代理人产生了寻求自身利益的刺激。她集中分析了县以下级别的地方官员，描述了他们之间的互动及其法团主义本质的形成。[①] 维德曼（Wedeman）则考察了中央和各省区在1992年的财税转移情况，从委托人—代理人的角度，他认为地方对中央的财政依赖给予了中央政府一个比政治杠杆更为有效的杠杆工具。[②]

赵成根提出，分权改革以及地方政府的权力扩张，使“它们由中央集权体制下单纯的中央政府的派出机构和代理机构，转而成了相对独立的行为主体”，地方政府合法性基础也由此发生了微妙的变化。“地方政府以向地方人民提供广泛的物质利益和社会福利，来交换地方精英和普通公民对地方官员权位和权威的认同，对地方现行制度和政策的支持。”[③] 赵成根认为，市场化改革以来地方政府行为模式演变的重要趋向就是“地方化”，迎合地方公众特别是地方强势利益群体的愿望，地方政府同上级政府及中央政府展开利益博弈的基本动机是地方利益的最大化。

李军杰的分析表明，在上下级政府间直接进行委托—代理的行政体制下，辖区内的纳税人和公共产品的受益人往往不能对地方政府进行有效的监督和约束。由于上下级政府间信息传递链条过长，代理人总是有足够的能力控制“私人信息”和辖区内自然状态信息。这种严重的信

① Jean Oi, *Rural China Takes off*: *Institutional Foundations of Economic Reform*, Berkeley: University of California Press, 1999, pp. 139 - 190.

② Andrew Wedman, "Agency and Fiscal Dependence in Central-Principal Relations in China", *Journal of Contemporary China*, No. 8, 1999, pp. 103 - 122.

③ 赵成根：《中国经济体制转型中地方政府角色转换和中央地方关系的发展趋势》，载王浦劬、徐湘林主编《经济体制转型中的政府作用》，新华出版社2000年版。

息不对称造成了代理人行为的机会主义变异。① 裴敏欣也认为人事管理权限的下放实际上加剧了此种信息不对称的问题，“因为他们的上级作为上级和下级之间的纵向联系变得更加狭隘了。关键的官员——通常是市（县）党委的书记——已经成为有关下级机构行为信息的关键切点。这种情况直接造成了中国共产党官员控制下的地方政治垄断，这些官员很少受到上级的监督。”②

毫无疑问，上述研究所证明的是，权力下放的改革格局使地方政府不再是仅仅作为中央政府机械的代理人，其行为选择有了相对独立的思维逻辑。所未能解决的争议或疑点是：这种独立的思维逻辑到底以何种方式展开？在相当程度上，不同的判断所依据的往往是不同时间节点或政策领域的情形，如果放眼于时间延续中制度政策的变化，那么这种自主性的特征是否能找到一个更综观的定位与解读？换言之，地方政府的自主性除了作为一个解释的工具，同样也是一个需要解释的目标。

第三节 地方政府自主性的概念与理论

当以“地方政府自主性”一词用以描述这一变迁过程的时候，自然会面临以下关键问题：如何界定地方政府自主性？地方政府自主性与通常所论及的国家自主性和官僚自主性概念有何种差异？

国家自主性的探讨，可以追溯到黑格尔的国家理论。在黑格尔那里，家庭、市民社会和国家是伦理发展的三个阶段，是一个由个别、特殊与普遍所构成的正、反、合的过程。“市民社会是个人私利的战场，

① 李军杰：《经济转型中的地方政府经济行为变异分析》，《中国工业经济》2005 年第1 期。

② 裴敏欣：《公权化是否会增加腐败?》，《中国国情分析报告》2002 年第 47 期。

是一切人反对一切人的战场。”[①] 而国家则是绝对自在自为的，它“具有特定的、自在自为的存在进程”“市民社会代表的是特殊性，是不同个人和团体的特殊利益，而国家代表了一种普遍性，反映普遍的利益和意识”。[②]

一反黑格尔所设定的高耸而大公无私的国家形象，通过对人类历史进程的分析，马克思揭示了国家的阶级性本质。马克思认为国家是建立在一定经济基础之上的社会产物，而并非抽离于社会的公正神明，其共同体的色彩从根本上乃是一种虚幻，“公共利益以国家的姿态而采取一种和实际利益（不论是单个的还是共同的）脱离的独立形式，也就是说采取一种虚幻的共同体的形式”。[③] 借由对法兰西第二帝国政治经济基础的分析，马克思也提出了“相对自主性”的命题，依靠行政权对立法权的压制，“国家在第二帝国时期最终赢得了相对于社会的自主性，它已完全脱离社会……它不再是一个从属于议会内阁或立法议会的阶级统治工具。国家政权在第二帝国得到了它的最后、最高的表现：它甚至于践踏统治阶级的利益”。[④]

西方新马克思主义据此拓展了马克思的“国家相对自主性”的理论，并形成了工具主义国家与结构主义国家两大代表性流派。尼科斯·波朗查斯认为，资本主义国家由于强化了制度化政治权力的统一性，一方面体现出了对经济的相对独立，另一方面又体现出政治上的自主性，即“国家对阶级斗争领域的关系，特别是其针对权力集团和派别的相对自主性，并扩大到针对权力集团的同盟和支持力量的相对自主性”。[⑤] 这种自主性“代表一定的限度，也就是限制这些阶级的经济权

---

① ［德］黑格尔：《法哲学原理》，商务印书馆2007年版，第309页。

② 同上书，第285页。

③ 《马克思恩格斯全集》第3卷，人民出版社1960年版，第37—38页。

④ 《马克思恩格斯选集》第2卷，人民出版社1995年版，第92—93页。转引自张勇、杨光斌《国家自主性理论的发展脉络》，《教学与研究》2010年第5期。

⑤ ［希］尼科斯·波朗查斯：《政治权力与社会阶级》，叶林等译，中国社会科学出版社1982年版，第284—285页。

力，使其实际上不产生效力”。[①] 波朗查斯认为国家的相对自主性是由资本主义生产的独有特点及由此导致的经济政治相对分立结构所决定的。工具主义流派的代表人物拉尔夫·密利本德则强调马克思主义国家中所提的自主性是维护资本主义生产方式的需要，根本上是与资本主义社会的长远及整体利益一致的，“当国家按照马克思主义的说法代表‘统治阶级’采取行动时，它多半并不按照统治阶级的指令行事。国家诚然是一个阶级的国家，是统治阶级的国家。但是，当它作为一个阶级的国家而行动时拥有高度的自主和独立，而且，如果它是要作为一个阶级的国家而行动的话，必须真正拥有这种高度的自主和独立”。[②]

早期讨论政治发展的学者们倾向于将自主性视为政治体系发展的重要目标。艾森斯塔德便称自主性是政治体系相对于其他社会系统的特有倾向，政治体系的自主性意指：“（1）权力拥有能够使用各种资源以贯彻不同目标，（2）依照其意志动员人力资源——那些行使权力者（统治者）能够把意志强加于人。”[③] 在亨廷顿那里，自主性是衡量政治制度化的重要标准，而“衡量政治机构的自主性要看的是是否具有有别于其他机构和社会势力的自身利益和价值”。[④] 亨廷顿认为，在一个复杂性与异质性都较高的社会中，如果不能建立独立于使其产生的社会势力之上的政治制度，任何一种社会势力都不能单独进行统治，更无法建立一个政治共同体。[⑤]

---

① ［希］尼科斯·波朗查斯：《政治权力与社会阶级》，叶林等译，中国社会科学出版社1982年版，第209页。

② ［英］拉尔夫·米利班德：《马克思主义与政治学》，黄子都译，商务印书馆1984年版，第79页。

③ ［以］艾森斯塔德：《帝国的政治体系》，阎步克译，贵州人民出版社1992年版，第370页。

④ ［美］亨廷顿：《变化社会中的政治秩序》，王冠军译，生活·读书·新知三联书店1988年版，第19—20页。

⑤ 何显明：《市场化进程中的地方政府行为逻辑》，人民出版社2008年版，第79页。

20世纪70年代兴起的回归国家学派一方面继承了新马克思主义的结构主义观点，同时也提出新马克思主义依然从属于社会中心论的视角，认为其仍然没有把国家看成自主的结构。埃文斯（Evans）将国家自主性界定为“国家可以系统地表达和推进自己的目标，而不是简单反映集团、阶级和社会的利益与需求”。[①] 西达·斯科切波则认为，国家是一种自主性的结构，这种结构“具有其自己的逻辑和利益，而不必与社会支配阶级的利益和政体中全体成员群体的利益等同或融合”。[②] 国家自主性的原动力是国家保障自己统治秩序的特殊利益或需要。

“国家自主性”本质上是体现国家与社会关系的概念，它所强调的是国家能在程度上超越共同体中各种社会政治力量的制约，而保持自己的超越性和公共性。国家自主性水平的高低，直接关系到这个国家或政府能否制定出一种稳定的、长远的、符合国家利益的现代化计划和政策，并将其付诸实施。[③] 国家缺乏必要的自主性，意味着国家权力的公共性被削弱，国家发挥社会利益“仲裁者”“协调者”的功能无法有效发挥，国家的政策向某些社会利益集团倾斜，或者为其所“绑架”。而如果国家自主性过度扩展，对社会生活施以过多的渗透和干预，又会窒息经济社会发展的活力。

国家自主性的强弱，体现在作为国家载体的各级政府在治理过程中能够多大程度超越各种利益集团的影响，使公共利益最大化。作为一个实行单一制的国家，中国地方政府从理论上是中央政府的地方代理人，宪法和法律也并未赋予地方政府太多的自主权。而问题在于，对于中国这样的包容了差异性极大的各地区的超大规模社会，即便是在高度集权的计划经济时代“因地制宜”，从地方实际出发，将中央政策精神同地

---

① Peter B. Evans, *Bring the State Back in* , Cambridge University Press, 1983, p. 9.

② ［美］西达·斯科切波：《国家与社会革命：对法国、俄国和中国的比较分析》，何俊志、王学东译，上海人民出版社2007年版，第27页。

③ 孙立平：《向市场经济过渡过程中的国家自主性问题》，《战略与管理》1996年第4期。

方的实际情况相结合，也是中央政府所承认的原则。在某种意义上讲，1979年后的权力下放正是对这一原则的逐渐落实。正因为如此，地方政府自主性身上也有着“国家自主性”所面临的种种问题，如果自主性太弱，地方政府容易为地方利益集团所俘获，丧失应有的公共性；如果自主性太强，对地方经济社会生活过多干预，同样也会抑制经济社会发展。

与地方政府自主性密切相关的还有“官僚自主性”概念。所谓官僚自主性（bureaucratic discretion），是指官僚机构或个人超越其法定的地位和职能，超越政治家和政治机构的控制，在公共决策过程中发挥主导作用的现象。①

威廉·尼斯坎宁于1971年出版的《官僚制与代议制政府》一书，深入阐述了官僚自主性形成的主客观因素。尼斯坎宁认为，官僚对个人利益的追求是其自主性产生的主观原因，官僚与所有普通人一样，都是个人利益最大化者。构成官僚个人利益的主要因素主要有权力、地位、金钱、特权等，具体而言不外乎“薪金、职务津贴、社会名望、权力、人事权、较大影响力、轻松的工作负荷等”。他通过研究证明，除最后两项之外，其他所有目标都与官僚所在机构的预算规模呈单调正相关关系。而政府预算规模又与政府权力的大小正相关。即政府预算越大，该机构权力越大，机构负责人地位越高，该机构所控制的社会资源也就越多。因此，为了追求个人的地位、权力和收入，政府官员必然千方百计地追求本机构预算的最大化，追求对政府权力的有效控制。②

尼斯坎宁还指出，议会与官僚机构组成的公共物品生产与消费的供需关系具有双边垄断（bilateral monopoly）性质。所谓双边垄断关系是指，如果将政府政策及提供服务统称为政府提供的公共物品的话，议会作为民选机构，代表了全体公民对公共物品的需求，是公共物品的唯一

① 参见袁瑞军《官僚自主性及其矫治——公共选择学派有关论点评介》，《经济社会体制比较》1999年第6期。

② 何显明：《市场化进程中的地方政府行为逻辑》，人民出版社2008年版，第85页。

买家；而官僚机构执行立法的过程就是实际生产公共物品的过程，它是公共物品唯一的提供者（卖家）。因此，议会与官僚机构各自垄断了公共物品的生产和消费，形成相当稳定的双边垄断结构。①

在这种双边垄断关系中，由于官僚与政治家各自所掌握的有关公共物品生产的信息不对称，这种双边垄断关系是不平衡的。作为公共物品的唯一供应者，官僚完全了解公共物品真实的生产成本。在与议会就预算（公共物品的需求价格）进行讨价还价的过程中，官僚了解议会的偏好（需求曲线），而议会缺乏手段获取有关生产成本的准确信息，结果是官僚可以提出高于实际生产成本的预算标准，并向议会谎称这一高成本是唯一可行的选择，通常情况下议会即便心有疑虑，除了接受也别无选择。尼斯坎宁的结论可概括为，官僚机构作为代理人凭借其对公共物品生产者地位的垄断，很容易摆脱委托人的控制，使代理公共物品供给的过程演变为自身利益最大化的过程。“只要政治代理人即政府是信息优势者，即拥有一些为政治委托人所不知道的信息，而政治代理人的本性中又包含自私自利的成分，那么，理性的政治代理人就有可能利用其信息优势谋取私利。”②

尽管官僚自主性理论着眼于民主体制下代议机构同官僚机构的关系，倘若借助其视角来透视央地关系，似乎也可以找到类似的逻辑。在集权体制下，中央政府施加给地方政府提供地方公共物品的责任与义务，但二者之间同样存在着信息不对称的困境。地方政府对地方公共物品的供给成本显然有更完整的了解，在中央政府对于地方政府公共治理的绩效加以考核的过程中，中央难以准确判断地方公共服务的质量，更多地只能借助来自地方政府的信息传递，故而地方公共物品的“代理式供给”也很容易演变为地方政府的自利行为，在伤害地方公共利益的过程中不断消耗以中央政府代表的整个国家政权的正当性资源。

---

① 方福前：《“经济人”范式在公共选择理论中的得失》，《经济学家》2001年第1期。

② 李春成：《信息不对称下政治代理人的问题行为分析》，《学术界》2000年第3期。

国家自主性与官僚自主性理论为建构地方政府自主性的框架提供了重要的参照。沈德理将“地方自主性”概念界定为：“以地方政府为代表的利益主体自主参与市场竞争和资源配置，自我设计、自我管理、自我发展的权利（权力）能力及其活动。”[①] 这一概念包括了中央与地方的关系以及国家与社会的关系，是指相对于中央控制地方，且与国家集权相对的地方社会的能动性。

何显明则明确区分了地方政府自主性同沈德理的地方自主性概念的区别，认为地方自主性（local discretion）与地方政府自主性（local government discretion）有着相互交叉却不尽一致的内涵。在联邦制国家里，前者更多的是指地方共同体相对于国家共同体而决定自身事务的行动空间大小，而在中国这样的单一制国家，地方共同体并未被赋予作为一个整体而自决的权利，地方政府才是最主要的行为主体。含糊地使用“地方自主性”忽略了这一根本的政治现实，也无助于更确切地描绘中央与地方关系及地方政府行为的本相，“地方政府自主性”明确地凸显了行为主体即地方政府。何显明将地方政府自主性划分为两大维度：纵向自主性和横向自主性。前者指地方政府能够在何种程度上摆脱上级政府，特别是中央政府对其行为的控制，按照自己的意志去实现其特定的政策目标的可能性，后者指地方政府能够在何种程度上摆脱地方各种具有影响力的社会群体的左右，保持自身在利益上超越性和行为取向的公正性。横向自主性反映的是地方国家同地方社会的关系。[②]

上述地方政府自主性的定义或理论建构自有不容忽视的创见性。然而，以何显明的定义为例，横向自主性与纵向自主性的定义覆盖面广阔丰富，整合了与“自主性”相关的各种理论视角，但也容易令人迷失于丰富性当中。横向自主性（国家自主性的一翼）讨论的是宽泛意义上的国家与社会关系问题，纵向自主性则涉及中央政府与地方政府的关

① 沈德理：《非均衡格局中的地方自主性——对海南经济特区发展的实证研究》，中国社会科学出版社2004年版，第25页。

② 何显明：《市场化进程中的地方政府行为逻辑》，人民出版社2008年版，第100—101页。

系，两个虽有交叉但毕竟有异的概念取向倘若运用于具体分析，恐有丧失逻辑论证严密性的危险。本书有一个尚未澄明的预设，即在横向意义上的自主性以某种方式嵌入了纵向自主性中。对于一个在高度集权化的政党领导下的中央集权国家而言，地方政府公益取向的设定实际上是国家层面自主性的衍生物。本书的思路是力图将地方政府的治理发展纳入央地关系的总体制度框架中进行审视。因此，此处谈论的地方政府自主性，更侧重于纵向自主性一面，即中央集权体制下、市场化进程中地方政府自主性的特质及其衍生后果。

地方政府自主性也不等同于地方政府自主权。自主权体现为一种明确乃至规范化的权力或权利，是地方政府依据法律法规或政策享有的稳定行为区间。毫无疑问，自主权构成了地方政府自主性成长的基础之一。央地关系的法治化，即中央与地方政府制度化、规范化的权责分配问题，很早便是改革设想的一部分，时至今日，除了财政权等局部领域，这种制度化仍未得以全面实现，郑永年的“行为联邦制”便是对此局部制度化现象的描述。[①] 相对固定明确化的地方政府自主权事实或预想而言，地方政府自主性力图展示某种动态的行为模式，改革进程中地方政府自主性的天然展开是更灵活甚至创造性的进程，这是由中国改革的探索性本质所决定的。由此，本书将地方政府自主性界定为：地方政府基于自身利益需求、治理资源的储备和中央政府权责授予，在地方治理进程中选择性执行实施政策乃至创新政策议程的行动空间。这样一来，此定义也和所谓“地方主义”现象有了区隔，后者只能是地方政府自主性的极端化变态。

从此定义出发，本书提出三个假定：（1）地方政府形成了相对独立的利益结构，无论是机构利益或机构中的个人利益都是独特利益结构的一部分，两种利益在相互磨合中尽可能为自己赢得效用最大化空间；（2）地方政府自主性需要受制于其所掌握的资源，地方政府可支配财力和汲取地方资源的能力、地方行政长官的个性、地方政府官员在权力

① 郑永年：《中国的“行为联邦制”——中央与地方关系的变革与动力》，邱道隆译，东方出版社2012年版，第47页。

结构中的位置等都会影响地方政府在面对中央政府时自主性空间的大小；（3）地方政府所置身的制度组织环境是影响地方政府自主性行为选择的主要因素，高度统一的党权体系同政府结构上的集权特征结合，注定了地方政府很难无视组织纪律、政治准则、人事任免权的强大威慑力而自行其是。

细心的读者或许会注意到本书的定义与著名的“选择性政策执行”及“基层自主性”概念的关联。李连江和欧博文（Kevin J. O’Brien）曾提到，中国乡村已经形成了一种特殊的政策执行模式，乡村干部在尽职尽责地执行不受村民欢迎的政策的同时，却拒绝执行那些受村民欢迎的政策，他们可以根据自己的意志有选择性地执行对自己有利的政策。虽然基层官员被要求完成改革以来日趋多元化的任务指标，但他们往往拥有选择性地执行政策的自主性。对于那些在考核中占据重要位置的硬指标（如税费征收、计划生育政策执行等），基层官员会随意地动用一切力量和手段以确保任务的完成，而对于那些受欢迎的政策或不受欢迎政策中的受欢迎的规定的执行却常常是敷衍了事，甚至置若罔闻。[①] 选择性政策执行现象与其当作地方政府行为劣质化说明书上的新增条目，倒不如换个角度，折射出自上而下的治理议程和框架对地方政府行为的意外或负向激励模式，让我们重新反思地方政府自主行为的约束条件。

第四节　视角方法与研究框架

制度主义与新制度主义现已成为中国社会科学研究中重要的研究方法或研究视角。然而，笔者以为所谓视角与方法应当有所差异，前者重在研究时因问题的层次所应采取的基本论证路径、思考模式，后者更侧

① 参见［美］欧博文、李连江《中国乡村中的选择性政策执行》，载［德］托马斯·海贝勒、杨雪冬等主编《主动的地方政治：作为战略群体的县乡干部》，中央编译出版社 2013 年版。

重于研究者在收集组织选取处理经验材料所采用的技术性手段。本书将问题定位为改革开放以来地方政府自主性的成长、变化及其特征属性，也预设组织、制度结构的变化构成了这种演变的主要变量，这与所谓的制度分析具有天然的亲和力。

就政治学本身而论，制度分析是与生俱来的研究传统。而当代流行的制度主义范式则覆盖了经济学、社会学等现代社会科学的各个门类，政治科学从中受益匪浅，极大拓展了政治研究的范围，强化了分析精准性和结构完整性。在经济学中，制度分析出现于19世纪末20世纪初，韦伯、马克思、凡勃仑、康芒斯等人，此即所谓老制度经济学。而后诞生的新制度经济学则以科斯、诺斯等人为祭酒。坎贝尔认为，老制度经济学与新制度经济学的差异在于：后者强调形式化的演绎和数学方法，前者则主张深描、历史分析和归纳推理；前者反对人类理性的简单化假设，主张人类动机与理性的复杂性。后者则从形式化模型的需要，假定人的物质利益，并将个体视作成本—收益分析的行为单元。[①] 这种争议甚至延续到了后来新制度主义三大流派的内部纷争中。

古丁和克林格曼曾提出西方政治学的理论模式经历了行为主义、理性选择主义和新制度主义“三次革命”。[②] 对于新制度主义而言，制度的作用主要体现在：一方面，制度塑造着政治行动者的偏好、目标和实现目标的手段；另一方面，特定的制度结构决定了各个行动者接近和享有权力的程度，任何一套制度体系都可能为某些行动者设置了特权而将另一部分人置于不利地位。[③]

当我们将制度框架的演变理解为地方政府自主性、地方政府行为模式的主要自变量之时，如果要脱出单纯的形式法律分析，适度澄清变量

---

① ［美］约翰·L. 坎贝尔：《制度变迁与全球化》，姚伟译，上海人民出版社2010年版，第9页。

② ［美］罗伯特·古丁、汉斯—迪特尔·克林格曼主编：《政治科学新手册》（上册），钟开斌等译，生活·读书·新知三联书店2006年版，第12页。

③ 何俊志、杨季星：《社会中心论、国家中心论与制度中心论——当代西方政治科学的视角转换》，《天津社会科学》2003年第2期。

之间的动态机制，对地方政府行为的深入挖掘便在所难免。已有许多研究试图将理性选择理论引入地方政府行为的研究视域中，最具代表性的便是“财政最大化”的假设。发端于经济学的理性选择理论，从理性个人的利益最大化逻辑，到理解行为的发生、演变机制，既广受尊崇，也饱受争议。[①] 关键在于，本书的问题意识里，作为一个复合行为主体的地方政府，因其构成角色的多元化，更难简化为单一且明晰的行为主体及行为逻辑。在这方面，组织制度流派和历史制度流派则提供了一种更合适的理论资源。例如，历史制度主义是从制度层面推导出个体利益，或者是对集结层面上的利益直接进行分析，而不讨论个体的策略行为如何形成这种集结的过程。与旧的制度主义不同，历史制度主义重视制度对行动主体目标的影响，组织制度主义则提出了“理性的社会建构”这一命题。两个流派都强调只有通过对行动的主观目的有所理解，领悟行动主体对行动目的因果关系，才能解释行动，意识形态、思想在理性的社会建构中的作用受到了高度的重视。[②] 我们可作如下推断：作为整体的地方政府的行为选择，其理性化要素是个体的基本物质利益需求同意识形态形塑或约束的利益权衡所构成，地方政府行为领域是由物质福利、政治晋升、职位保有等多重偏好所组建的混合空间。如此一来，制度主义的基本视角同我们对地方政府的多元行为取向的关注获得了某种程度的融合。

此外，周雪光的“多重制度逻辑”分析框架给予了本书立论极大的启发。周雪光指出，村庄选举中并存着国家、科层制、乡村三种逻辑，“村庄选举中的三个制度逻辑的作用取决于它们之间的关系。中央政府能否保持持续一致的政策取决于政策贯彻执行过程中科层制逻辑和乡村逻辑之间的相互作用。同样地，如果我们不关注国家逻辑如何改变了基

① 对理性选择理论最全面的批判，参见［美］格林、沙皮罗《理性选择理论的病变》，徐湘林、袁瑞军译，广西师范大学出版社 2004 年版。

② 参见高柏《中国经济发展模式转型与经济社会学制度流派》，载［美］沃尔特·W. 鲍威尔、保罗·J. 迪马吉奥主编《组织分析的新制度主义》，上海人民出版社 2008 年版，第 4—7 页。

层政府所处任务环境的收益成本参数，不关注乡村逻辑如何提高了政府干预的成本，就无法解释地方官员在不同时期行为方式转变的原因。而乡村逻辑在村庄选举中的有效性也取决于国家政策提供的空间和任务环境所诱发的政府行为倾向。因此，不应该孤立分割地看待某一机制，而应该在各种制度逻辑关系中来认识它的作用”。[①] 从这一视角出发，我们会看到地方政府的行为处于一个复杂的制度组织结构当中，其中既有完整、明确、规范的政府权责体系，也包含政党国家独特的组织纪律、政治准则等元素，不同的制度规约所塑造出的行为取向可能是截然不同甚至相互对立的，当代地方政府自主性出现多样化形态的原因恐怕正在于此。

至于写作方法一面，因议题的宏观色彩，笔者未及运用现今社会科学中流行的许多新工具，而更像是传统意义上规范研究与经验研究的一种结合物。本书力图以地方政府自主性的概念建构为基础，整理收集了地方政府自主性的成长演化的诸多经验事实，如“地方主义”“诸侯经济”“土地财政”等现象，并从央地关系制度结构演化的角度解释这种演化的特征。而在事实归纳的意义上，历史性的研究当然也不可避免。

本书的结构安排如下。

第一章导论部分阐述了问题的由来，研究的理论和现实意义。对相关的研究进行了梳理，对核心分析概念进行了全新的定位，对研究视角和相应的研究方法进行了说明。

第二章主要论述地方政府自主性的成长过程及其对于改革进程的重要作用。财政分权使地方政府在财政上拥有了较大的自主性，此外，中央与地方权力关系的改革如宪法法律的调整、行政性放权等，都为地方政府自主性的成长奠定了基石。中国改革的渐进性与风险规避机制，是地方政府自主性得以成长的动力机制。

第三章集中探讨中国的中央集权结构，视其为确保地方政府自主性不至于根本上威胁中央政府权威的防御机制。这一中央集权结构以“党

① 周雪光、艾云：《多重逻辑下的制度变迁》，《中国社会科学》2010 年第 4 期。

管干部”为核心，包括了对地方政府官员的任期限制、定期流动机制、政治吸纳机制等。中央集权结构配合经济改革的展开，依托干部考核机制，以经济发展为政绩的主要标准。

第四章分析地方政府自主性的失范现象以及相应的中央反制措施。财政分权导致的中央财政衰弱和普遍的地方保护主义现象，是地方政府财政自主性失范的重要表现和分税制改革的主要动因。地方政府财政自主性的失范，主要是因为地方政府作为利益主体角色的强化和财政体制的缺陷。财政衰弱意味着中央合法化能力、贯彻能力与分配能力的衰弱，中央政府已无法像过去一样有效地约束地方政府的财政自主行为。分税制是规训地方政府财政自主性、重塑中央权威的制度构建。这一目标一开始便遭到了地方政府的强烈抵制。经过中央与地方的多次博弈后，中央政府做出了适度的妥协，分税制最终得以确立。分税制运行机制的中心是划分税种、设定中央与地方各自的征税机构，保证中央政府的财政收入。分税制的确立同样也表明中央政府在央地关系中仍然具有议程设定和特殊权力优势。

第五章论述地方政府自主性的异变现象。中国赶超型现代化的基本逻辑，造就了中国地方政府独特的运行机制——压力型体制。压力型体制实际上形成了一种政治承包机制，既对地方政府行为作了最基本的限定，又刺激了地方政府自主性的扩张。地方政府在完成上级指标任务的基础上，对如何完成任务有了较大的自主空间。压力型体制同干部考核机制结合在一起，造就了地方政府的基本行为逻辑——政绩最大化。然而，分税制的集权效应使地方政府政绩最大化能力受到了严重的削弱，在财政和政绩最大化压力之下，地方政府选择了土地作为财政收入和GDP增长的主要来源，即土地财政，引发了地方政府与地方公众的矛盾。

第六章则通过地方政府自主性的重要表现——地方政府创新来进一步审视地方政府自主性的诸多特制。借由地方政府创新两个案例的较详细描述，结合地方政府创新的动力、持续性等层面，讨论地方政府自主性的限制问题——党政体制的核心准则和中央主导的国家发展逻辑。

第七章是本书的结论部分。从中央与地方关系的制度演进过程来看，中央政府在制度设计和议程控制上的优势，确保了地方政府行为基本上还在中央设定的框架里，中央权威并未因地方政府自主性的成长与扩张遭受实质性削弱。但同时，中国的政治结构主要依靠中央来控制地方政府行为。中央为了激励地方政府的积极性、主动性，需要让地方政府有一定的自主行为空间。地方政府获得的自主性意味着地方政府可以按照自己的利益需要来执行中央政府授予的权力，在没有来自社会强力约束的环境下，地方社会和民众很容易成为地方政府自利行为和机会主义的受害者。提出了中央集权国家在地方治理时所面临的控制—治理悖论问题。

第二章

分权与市场化：地方政府自主性的成长

以制度发展而论，自秦王朝开创大一统帝国传统以降，中央集权便成为中国政治的常态，也被公认为最益于维护国家稳定、统一、繁荣的政治模式，中央集权因而呈不断强化之势，至明清两代已趋于顶峰。进入现代，现代民族国家建设的基本逻辑结合中国社会的全面危机情态，创造出史无前例的党政集权体制，更将中央集权推至无以复加的境地。新中国建立以后，为了保证党的统一、国家的统一和政权的稳固，进而使党和国家能够重建社会政治秩序和推动现代化，中央高度集权几乎成了必然的选择。[①] 恰如孔飞力所言，“如果将20世纪作为一个整体来看待，这便成了一个关于中央集权的国家不屈不挠地向前迈进的故事”。[②] 地方自治的呼吁并未缺席，但却在国家危亡、民族复兴、现代化建设的浩大声浪中逐渐湮没无闻，地方“特殊利益”逐渐被视作有碍于国家建设和国家公共利益实现的障碍，国家建设的逻辑要求地方社会必须服从于国家的目标，而国家利益的实现则依赖于一个凝聚力强、稳定有效的官僚化中央集权国家。在改革开放之前，这种集权属性全面地呈现于政治、经济、财政等领域。

以经济体制为例，在王沪宁所称的高度集权的资源再分配—利益满足体制之下，政府通过制订计划来全面进行资源配置，计划包括了国民

① 苏力：《当代中国的中央与地方分权》，《中国社会科学》2004年第2期。

② ［美］孔飞力：《中国现代国家的起源》，陈兼、陈之宏译，生活·读书·新知三联书店2013年版，第119页。

经济活动的主要方面。完整的计划体系包括生产计划、流通计划、分配计划和消费计划四大方面，具体涉及社会产品和国民收入、农业生产、工业生产、建筑业、交通运输业、生产资料、生活资料、对外贸易、城市公用设施、国民收入分配、财政、劳动报酬、价格等方面。中央政府通过这样一个完整的网络决定地方政府的行为。

在财政体制领域，中央人民政府《关于统一国家财政经济工作的决定》构建了“统收统支”的财政体制，即统一全国财政收支管理，统一全国物资管理，统一全国现金管理。在央地关系的意义上，此种体制的集权特征体现为：（1）中央预算集中了数量占优势的国家预算资金，还控制了地方预算资金的使用范围和使用方向，地方政府对本级预算收支的支配权和管理权极小，实际上并不构成一级独立的预算主体。（2）中央政府与地方政府征收的是同一套税种，且主要税种的立法权、利率调整权和减免权都高度集中于中央，各级地方政府都没有相对独立的征税权，也没有真正的地方税。（3）各级政府之间财政资金的流向，一律采用“上缴”或“下拨”的垂直方式，由中央统一进行调剂，凡收大于支的地方上解收入，凡支大于收的地方由中央补助。中央预算另设的专项拨款，由中央集中支配。地方政府相当于中央政府在地方上的代理机构，地方的财政职能也由此简化为中央财政的“出纳部”。（4）中央与地方的财政关系频繁变动，缺乏稳定性；采用“基数法”——即以上年实际执行数或以前两年的平均数，确定财政年度的收支基数，并根据收支基数的差额确定分成比例，中央与地方的财政关系缺乏明确的分配标准和统一规范的决策程序。①

然而，如王沪宁所说，在中国这样一个超大国家，单靠中央政府来执行推动赶超型现代化，“依靠中央来实现全社会的调控是难以想象的。从社会资源总量上来说难以实现，从技术上来说也难以实现”。② 高度

① 刘美珣、[俄] 列乌斯基·伊万诺维奇主编：《中国与俄罗斯两种改革道路》，清华大学出版社 2004 年版，第 153—155 页。

② 参见王沪宁《集分平衡：中央与地方的协同关系》，《复旦学报》（社会科学版）1991 年第 2 期。

集权的计划体制运转及其出现的诸多弊病便是其证明，从而也衍生出集权体制在经济领域的各种“分权”措施。

在第一个五年计划（1953—1958）期间，中央财政收入占到了总收入的80%，中央支出则占总支出的75%。全国的经济活动纳入中央计划之中，高度集中严重限制了地方政府自主性。在1955年召开的党代会上，地方政府提出了引起中央高层注意的严重问题。例如，安徽省领导提到，淮南市两万多人的大煤矿在财政支出上只有200元以下的批准权，领导没有增加一个工人的权力。天津市则提出，中央在五年中只给天津地方工业安排了20万元基建投资，建什么都要报中央有关部门批准，甚至连市里设多少电影队、每队配备多少人也要报经中央主管部门同意。财政部和中央各主管部每年下达预算指标，收支科目列得很细。省一级财政收入只有5%的农业税附加、3%的总预备费以及自筹部分资金，三项收入数额都很有限。县和乡更没有什么财权。地方政府需要调剂时须请示中央主管部门，但是等到主管部门答复往往又较为迟滞，到期后无法支出的金额只好作为年终结余上缴中央。地方增收节支的积极性和地方办事的积极性受到了严重束缚。1957年，中央开始财政放权。从1957年到1961年，中央直属企业的工业产值占总产值比重从40%下降到14%，地方政府财政支出占财政预算支出的比重从29%上升到55%。中央政府的财政开支下降了14%，省财政开支增加近150%，占整个政府开支的一半以上。但是财权很快再度上收。1961年，中央成立中央局作为其派出机构的大区，省级以下的财权全部上收，省级财权部分上收。到1962年，地方财政收入减少到占总收入的40%以下。“文革”期间，中央权威受到极大损害，社会失序造成事实上的权力下放。到1974年年底，地方已经拥有相当大的经济管理权限，建立了各自比较独立的经济管理体系。但问题是中央收入偏低，直接掌握的财力只有14.5%；超收的全部归地方支配，短收的则要靠中央补贴。①

经济性分权导致了各级政府投资盲目扩大，行政性分权则产生了地方

① 以上资料参见张千帆《中央与地方财政分权——中国经验、问题与出路》，《政法论坛》2011年第5期。

党政部门规模的大幅膨胀，循环又不断出现，中央往往通过再集权的方式矫正分权所造成的弊病。在这种循环中，高度集中的经济体制与财政体制构成了集权的经济基石，在市场化的国策尚未正式确立之时，财政体制的调整也将成为分权改革的重要突破口。本章接下来的部分将从财政体制改革入手，结合市场化与相应行政体制改革的进程，解释在集权体制变革中地方政府自主性的成长机理。

第一节 财政分权：地方政府自主性的再造

一 财政分权的推进

中国的改革开放始于经济体制改革，此种路径的原理其来有自，无须多议，而经济体制改革从一开始就与中央与地方财政关系的调整有着密切的联系。林尚立说："财政关系是国内政府间关系的核心，它直接决定政府间关系的现实状况。财政是一切政府行政活动的基础，因此，在中央与地方各级政府之间的财政分配，直接决定中央与地方各级政府实现其职权的能力，从而决定中央与地方各级政府在整个管理公共事务活动中的地位与权威。"①

选择财政体制作为起点，以财政上的放权让利为手段推行改革，并非完全是领导层深思熟虑的自主选择，毋宁说是客观情势下的不得已而为，是现实财政压力的必然产物。辛向阳提到，因为"文革"对国民经济运行的严重破坏，1978 年党的十一届三中全会后，中央政府面临着巨大的财政压力。1978 年中央财政收入只有 1121.12 亿元，而这笔费用要维持一支 500 万人的军队和一支 3000 万人左右的国家干部队伍，财政捉襟见肘。当年中央财政收入在全部财政收入中只占 15.6%，而地方却占

① 林尚立：《国内政府间关系》，浙江人民出版社 1998 年版，第 71—72 页。

84.4%。为了偿还改革前的历史旧账，国家遭遇了天文数字般的财政负担。[①] 接连的经济决策失误，也使财政状况趋于窘迫和紧张。[②] 解决财政危机的手段，在当时可行的途径无非有二：一是通过更多地征收，扩大财源；二是通过下放财权，分解财政难题，将财政压力释放给各地方政府承担。第一种手段在整个国民经济已陷入萧条的情况下，并不现实，并且会引发地方政府强烈不满。正如王绍光所说，“如改革刚开张便与各路诸侯打一场遭遇战，这无异于政治上的自杀。在这种情况下，放权让利只能是唯一的选择”。[③] 放权让利，赋予地方政府更多的财政自主权与财政责任，从而达到分散中央财政压力的目标，便成为解决财政危机最可行的方法。

如果以改革的大局而论，在改革早期，传统意识形态和正统的计划经济观依然具有相当强的惯性，形成了不容忽视的改革阻力。大刀阔斧式、全面综合的改革显然是绝无可行的。选择迫在眉睫的财政问题作为突破口，变成了理所当然的事情。

1980年国务院下发的《关于实行“划分收支、分级包干”财政管理体制的暂行规定》开始了“财政包干制”的全面实践，此种形式又被形象地称为“分灶吃饭”。财政包干并非突发奇想的方案，早在1971—1973年，类似的财政安排便已出现。[④] 这一制度也在不同省份，发展出诸多

---

① 如提高了农产品收购价格，减免一部分农业税收，大量进口粮食，使农村得以休养生息；在城镇为下乡知识青年安排工作，提高职工工资级别，恢复奖金制度，大批兴建职工住宅等。正是这种大快人心之举，给国家财政带来了沉重负担。1979年和1980年，中国连续两年出现巨额财政赤字，两年合计348亿元，比1950年到1978年29年间赤字的总和（248亿元）还要多100亿元。参见王绍光《分权的底限》，中国计划出版社1997年版，第40—43页。

② 1978年过高经济指标、过大规模引进外资的“洋跃进”，在原已问题成堆的国民经济中，增加了新的比例失调因素、1979年财政收支出现了170.67亿元的巨额赤字（占当年支出比重的13.40%。参见贾康、阎坤《中国财政：转轨与变革》，远东出版社2000年版，第17页。

③ 王绍光：《分权的底限》，中国计划出版社1997年版，第41页。

④ 李伟民：《法学辞源》，黑龙江人民出版社2002年版，第1670页。转引自黄相怀《当代中国中央与地方关系中的集权——竞争模式》，博士学位论文，中国人民大学，2007年，第80页。

差异性的形式。其中具有代表性的便是江苏自1977年实施的“固定比例包干”体制。这一制度绩效极为显著，江苏省的工业生产年均增长20%，财政收入则年均增长了9.5%，这对中央政府做出以财政分权为中心的财政体制改革决策产生了极大影响。①

1980年国务院下发的《关于实行“划分收支、分级包干”财政管理体制的暂行规定》，其要义一是强调按照经济管理体制规定的隶属关系，明确划分中央和地方财政的收支范围，中央财政的固定收入包括中央所属企业的收入、关税收入和中央其他收入；地方财政的固定收入包括地方所属企业的收入、盐税、农牧业税、工商所得税、地方税和地方其他收入。二是地方财政收支的包干基数，按照划分收支的范围，以1979年财政预计收支数为基数，经过适当调整后计算确定。1982年国务院下发了《国务院关于改进“划分收支、分级包干”财政管理体制的通知》，② 对“划分收支、分级包干”的体制做出进一步的完善。

从1980年起，除北京、天津和上海这三个直辖市延续了“总额分成”办法之外，对其他各个地方实行了多种形式的“划分收支、分级包干”体制。③

1985年3月，因为原定的“划分收支、分级包干”的体制已经到期，同时为了配合利改税完成后，国家与企业、中央与地方间的财政分配形式的改变，国务院决定从1985年起实行“划分税种、核定收支、分级包干”的新模式。④ 这一模式的总原则是：在总结已有财税管理体制改革经验的基础上，存利去弊，继续坚持“统一领导，分级管理”

① 参见贾康、阎坤《中国财政：转轨与变革》，远东出版社2000年版，第48页。

② 国家体改委办公厅编：《十一届三中全会以来经济体制改革重要文件汇编》（中），改革出版社（内部发行）1990年版，第235页。

③ 孙开、彭健：《财政管理体制创新研究》，中国社会科学出版社2004年版，第110页。

④ 高培勇、温来成：《市场化进程中的中国财政运行体制》，中国人民大学出版社2001年版，第76页。

的原则，更进一步明确各级财政的权责，做到权责结合，充分发挥中央与地方两个的积极性。

具体内容是：按照利改税第二步改革之后的税种，划分中央财政收入、地方财政收入、中央与地方财政共享收入三大类；财政支出仍按企、事业的隶属关系划分，并增加了财政专案拨款；还规定了中央、地方财政收支的分成方法，主要有地方固定收入大于支出的定额上解，地方固定收入小于支出的从共享收入中确定一个分成比例留给地方，地方固定收入加共享收入还不足以抵拨其支出的中央定额补助。除了仍延续“大包干”的广东、福建两省外，这一模式在全国其他省、自治区、直辖市都予以广泛实行。

1988 年，国务院发布了《关于地方实施财政包干办法的决定》，对 39 个省、自治区、直辖市和计划单列市，实行不同形式的包干办法。[①]具体如下。

收入递增包干。以 1987 年决算收入和地方应得的支出财力为基数，参照各地近几年的收入增长情况，确定地方收入递增率（环比）和留成、上解比例。每年地方在收入递增率以内的收入，按确定的留成、上解比例在中央与地方之间分成；超过递增率的收入，全部留给地方；地方收入达不到递增率影响上解中央的收入，由地方用自有财力补足。

总额分成。根据前两年的财政收支情况，核定收支基数，以地方支出占总收入的比重，确定地方的分成和上解中央比例。

总额分成加增长分成。在“总额分成”办法的基础上，收入比上年增长的部分，另加分成比例，即每年以上年实际收入为基数，基数部分按总额分成比例分成，增长部分除按总额分成比例分成外，另加“增长分成”比例。

上解额递增包干。以 1987 年上解中央的收入为基数，每年按照一定比例递增上缴。

定额上解。按原核定收支基数，收大于支的部分，确定固定的上解

---

① 项怀诚主编：《中国改革全书：财政体制改革卷》，大连人民出版社 1992 年版，第 135—137 页。

数额。

定额补助。根据原来核定的收支基数，支大于收的部分，由中央按固定数额进行补助。[①]

有学者将不同阶段、不同形式的包干制度概括为以下几个基本特征。(1) 基数法下的收支划分和收入分成。收入分为中央收入、地方收入和分成收入三种。同时中央和地方政府承担不同的支出责任。各地分得的收入和分担的支出均以新体制实行前一年的收支为基数。收入基数越低，支出基数越高，对地方就越有利。收入分成是包干制改革的核心。(2) 一对一的谈判。即分成办法和留成比例通过中央与各(省、自治区、直辖市)分别协商来解决。(3) 征管分治的税收管理。一方面，税权是高度集中的，所有税种的税基和税率都由中央政府确定。另一方面，征税权几乎全部下放，几乎所有税种的征税权都由地方政府掌握。[②] 财政包干制度或“分灶吃饭”，在传统高度集权体制中揳入了一个关键的因素：地方政府相对独立财政资源，以及对资源的自主使用。地方政府自主性也因此获得了成长和发展的关键能量。

二 分权与地方政府自利逻辑

中国式分权的独特之处在于，财政分权或行政性分权与国家—社会的分权并非齐步前进。这意味着，国家权力对社会的总体性控制，在央地关系的实践中演化为不同层次的国家权力（各级地方政府）对地方的分层控制。政企关系中的所谓的“产权地方化”现象便是这一逻辑的直接体现。麦金农提出的“产权地方化”概念，意指在行政性分权

---

① 关于财政包干制变迁过程更详细的描述，可参见孙开、彭健《财政管理体制创新研究》，中国社会科学出版社 2004 年版；赵梦涵：《新中国财政税收史论纲(1927—2001)》，经济科学出版社 2002 年版。

② 张晋武、李华：《集权与分权：基于中央政府的财政体制变迁分析》，《河北经贸大学学报》2005 年第 9 期。

和经济性分权之后，地方政府基于自身利益考虑，往往会截留上级下放给企业的权力，地方政府因此拥有了更大的资源调配权和自主性能力。[①] 然而，从本书的角度来看，产权地方化与其说是地方政府自利性引发的特殊后果，倒不如理解为中国式国家社会关系在经历分权改革后的政治经济现实。在当代中国，产权本身就不是先验的事实或价值，社会主义国家的本质就是产权的集体化和国家化。计划经济逐渐解体，经济结构日趋多元化，中国却并没有循着西方国家早期发展的路径，形成一个完整而独立的、基于财产权利的公民社会，地方政府自然成为地方最具影响力的产权主体，行使对地方事务、地方资源决定性的控制权。在此基础上，所谓产权地方化的实质就是作为国家产权代理人的地方政府拥有了对地方国有企业、集体企业产权的实际控制权和剩余索取权，对地方新兴私有企业也具有决定性的主导地位。

产权地方化也是中央政府向地方政府和企业两种放权相互结合的产物，地方政府的经济权力因此大为膨胀。产权地方化的实现有着三种不同的路径。

首先，地方政府成为国有企业的实际产权拥有者。分权改革的重要内容是中央政府对国有企业管理权的下放，到 1985 年中央直接管理的企业仅占企业总数的 1%。[②] 地方政府依靠承包制来管理国有企业，但是，承包者只有管理权而并无财产权。于是，实质性的财产权便归于地方政府。这种产权地方化的机制，既是中央目标模式的意外产物，也是中国政经体制的自然产物。中央政府下放国企管理权的最终目标本是权力下放给企业，扩大企业的经营自主权，但实践中地方政府管理部门职能转变的滞后性，反而使企业被管得更多更细。

其次，地方政府对新兴集体所有制的事实性控制。大多数集体所有制企业，要么是由地方政府直接投资创建，要么在形成规模后归地方政

---

① 转引自赵成根《转型期的中央与地方》，《战略与管理》2000 年第 3 期。

② 郭为桂：《中央与地方关系 50 年略考：体制变迁的视角》，《中共福建省委党校学报》2000 年第 3 期。

府所有。[①] 大多数集体企业的产权，因而实际上也为地方政府所掌握。这样一来，集体所有制企业的发展，也就直接地推进了产权地方化的进程。在集体所有制企业中，最具代表性的是乡镇企业，在整个20世纪80年代，乡镇企业总数每年以26.6%的速度增加，职工人数每年增加11.2%，总产值年均增长率达到29.6%，是同期国有工业产值增长率的3.6倍。1993年乡镇工业产值，约为全国工业总产值的40%。[②] 许多研究者最初都乐观地认为，乡镇企业是中国社会创造出的新产权形式，或曰“伪装的私有制”。其后人们才注意到，这些乡镇企业事实上属于能够行使控制权的地方政府所有，乡镇企业的厂长经理，对日常的经营管理有很大的自主权，然而，当地政府在投资、财务、经理人选、税后利润用于公共支出等决策方面，仍然起着决定性作用。[③]

最后，地方政府对民营企业发展的巨大影响。在改革过程中，个体和私人所有制企业的发展逐渐得到允许。由于企业结构及效率的差异，比之国有企业和集体企业，私营企业的利润率往往更高，因而也更能为地方政府带来财富，大大刺激了地方政府支持私营企业的积极性，他们鼓励私营企业的发展壮大，并且给它们在信贷、税收、原料等政策上的优惠。[④] 这种机制加强了地方政府与集体和私人企业的密切联系。在政

---

① 集体企业包括城镇集体企业与乡村集体企业。城镇集体企业包括（1）属于区（县、市）一级政府的企业；（2）属于街道的企业（“小集体”）；（3）城镇合作企业。农村集体企业包括（1）属于乡镇政府的企业；属于村政府的企业；（2）农村合作企业。中国的集体企业在20世纪50年代初就已经存在了。在农村，乡办企业和村办企业的前身是1958年“大跃进”时出现的公社和大队企业。引自钱颖一《现代经济学与中国经济改革》，中国人民大学出版社2003年版，第177页；另参见陆百甫《大重组：中国所有制结构重组的重大问题》，中国发展出版社1998年版，第141页。

② 林毅夫：《中国的奇迹：发展战略与经济改革》，生活·读书·新知三联书店1994年版，第244页。

③ ［比］热若尔·罗兰：《转型与经济学》，张帆等译，北京大学出版社2002年版，第258页。

④ 参见朱方明《私有经济在中国》，中国城市出版社1998年版。

治上，所谓“中国民主资本家”的形成被认为是一个神话。[①] 早期，私有企业妾身未明的时代，私营企业主随时处于意识形态不确定性的风险中，对地方政府的依赖性毋庸置疑。即使行为合法性风险已大体消失，但因政府对金融、信贷、土地等资源的强有力垄断，私营经济的发展仍在相当程度上依靠着政府特别是地方政府的支持与协助。

不可否认的是产权地方化也有其自发的成长逻辑。财政包干制的共同点，那就是由地方政府征收国家大部分税收，按事先约定的比例上交中央政府之后，留给地方的那一部分可由地方自由支配。在这种机制下，地方政府天然有扩大财政收入的积极性。产权地方化使地方政府本身成为庞大的权力与利益主体，它的行为也逐渐具有类似产权所有者（如企业主）的特征，收益最大化成为其主要的行动目的。[②] 此外，财政体制由过去全国“一灶吃饭”，改变为“分灶吃饭”，地方财政收支的平衡，必须要地方政府自主调节、自负其责，地方政府的财政预算具有了相对的“硬约束”。既然财政压力是中央积极推行财政改革的动因，地方政府不能期望普遍地从中央那里得到转移支付，地方政府更多时候也只能通过发展本地经济，以拓展财政资源。

古往今来，中国国家治理一个重要的挑战就是如何防止地方利益的过度延展进而侵蚀整体的国家利益。在强调国家整体与公共利益的时代，地方利益必须从属于中央国家的利益要求。财政分权及产权地方化的事实结构却促使地方政府为争取本地财政利益，同中央讨价还价，拼命压低上缴的基数，为本地企业及经济发展争取最优惠的政策。部分地方政府还采取了种种机会主义措施，变通执行中央的财政政策，如将预算内收入转为预算外，或者对企业进行非法减免税，从而“藏富于地

① 参见［美］蔡欣怡《绕过民主——当代中国私营企业家的身份与策略》，黄涛、何大明译，浙江人民出版社 2013 年版。

② 一些学者已经对国有企业的产权地方化进行了深入的探讨。参见沃尔德《中国产权改革的非私有化道路——公司组织与地方国有产权》；戴慕珍：《中国地方政府公司化的制度基础》，载崔之元、甘阳《中国改革的政治经济学》，香港牛津大学出版社 1997 年版。

方”，再通过其他摊派征收的途径，将其纳为地方政府所用。因此才有了地方财政收入的上解率逐年大幅度下降，而地方政府的可支配收入则大幅度增加的趋势。① 地方政府同地方社会的利益呈现共生一体的格局，只有地方经济发展造就了社会财富总量的提升，才能满足地方政府与中央政府各自的财政渴求与治理需要。而这既有赖于地方政府赢得来自中央的政策（资源）支持，也要求地方政府发挥出更多的治理能动性。

独立的财政收入和独立的财权无疑初步巩固了地方政府作为地方首要治理主体的地位，地方政府代表的辖区利益和地方政府自身的利益得到了承认。地方政府自利性的凸显，也是地方政府自主性成长的重要标志，因为，“对地方政府来说，自主性和自利性不过是一枚硬币的两面。没有自主性，自利性的合法追求就没有保障；没有自利性，自主性的发挥也没有激励”。② 二者的微妙关系又恰如周飞舟所言：“在中央政府看来，经济发展是社会稳定的前提，而在地方政府看来，经济增长既符合中央政府的设定目标，更符合自身的主体利益。”③

第二节　法权构建与行政性分权

上节着重于财政、经济意义上讨论地方政府自主性的形成。从总体上，地方政府自主性取决于国家法律法规中所确立的基本权限，同时也是中央政府所授予的基本行动准则，此即“地方自主权”的主要内容，因为这即便无法完全框定地方治理地方公共事务的行动空间，但必然也

---

① 地方财政收入的上解率和上解总量逐年下降，从 1985 年的 34.2% 降到了 1990 年的 18.1%，参见楼继伟《新中国 50 年财政统计》，经济科学出版社 2000 年版。

② 杨雪冬：《近 30 年中国地方政府的改革与变化》，《社会科学》2008 年第 12 期。

③ 周飞舟：《以利为利：财政关系与地方政府行为》，上海三联书店 2012 年版，第 3 页。

是其展开的核心标准。虽然权力下放的中心是以财政分权为主的经济分权，但改革前经济集权和政治行政集权高度一体化、互为支撑的格局，决定了这种经济分权一开始就对政治和行政层面的分权有很深的内在要求。[①] 制度改革的历史经验表明，地方政府自主性的成长是与央地权力关系的相应调整密不可分，后者成为前者的合法性支撑。

一　地方政府自主性的法律支柱

作为治理国家的根本大法，中央与地方的权限设定、职责分工等问题是任何一个国家宪法不可或缺的组成元素。

1954 年的《宪法》规定“全国人民代表大会是行使国家立法权的唯一机关”，有权修改宪法，制定法律；全国人大常委会有权解释法律，制定法令，撤销国务院的同宪法、法律和法令相抵触的决议和命令，改变或者撤销省、自治区、直辖市国家权力机关的不适当的决议。1954 年《宪法》并未赋予普通的地方政府立法权，仅出于民族自治原则的要求，授予了民族自治地方制定自治条例、单行条例的权力。同时民族自治地区的人大同一般地方一样未有设立单独的人大常委会。1975 年颁布的《宪法》，甚至取消了民族自治地方享有自治条例、单行条例制定权的条文。地方立法权及其常务工作机构的同时缺席，既代表了地方自主权力的狭小，也意味着同级权力结构无法对地方政府进行有效问责。地方政府不需对同级权力机构负责，中央与上级政府事实上便成了唯一对地方政府进行问责、监督的机构。这种设置与高度集权的体制形成了完美的匹配。

在行政权方面，《宪法》规定中央政府“统一领导全国地方各级国家行政机关的工作”，有权“改变或者撤销地方各级国家行政机关的不适当的决议和命令”。中央政府被赋予了很大的领导、干预地方行政事务的权力，而各级地方政府到底拥有哪些相对独立的职权并未在此有明

① 林尚立：《集权与分权：党、国家与社会权力关系及其变化》，载陈明明主编《革命后社会的政治与现代化》，上海辞书出版社 2002 年版，第 192 页。

确、具体的规定。基于这样的法律事实，中央的权力日益膨胀，客观上将地方的独立性与自主权挤压殆尽，地方政府逐渐沦为中央计划的执行者与中央向企业发布指令的中介，丧失了作为一级地方政权必要的权力和地位。①

1982 年《宪法》的出台使这一局面得以改变。新《宪法》在中央与地方关系上，确立了发挥地方政府主动性、积极性的原则，规定“中央和地方的国家机构职权划分，遵循在中央的统一领导下，充分发挥地方的主动性、积极性的原则”。立法权限与行政权的问题此时获得了显著的进展。新《宪法》明确规定：“省、自治区、直辖市的人民代表大会常务委员会在本级人民代表大会闭会期间，根据本行政区域的具体情况和实际需要，在和国家宪法、法律、政策、法令、政令不抵触的前提下，可以制定和颁布地方性法规，并报全国人民代表大会常务委员会和国务院备案。省、自治区的人民政府所在地的市和经国务院批准的较大的市的人民代表大会常务委员会，可以拟订本市需要的地方性法规草案，提请省、自治区的人民代表大会常务委员会审议制定，并报全国人民代表大会常务委员会和国务院备案。”“省、自治区、直辖市、自治州、县、自治县、市、市辖区的人民代表大会设立常务委员会。县级以上的地方各级人民代表大会常务委员会是本级人民代表大会的常设机关，对本级人民代表大会负责并报告工作。”

1986 年第二次修正的《中华人民共和国地方各级人民代表大会和地方各级人民政府组织法》也做出相应调整，规定“省、自治区、直辖市以及省、自治区的人民政府所在地的市和经国务院批准的较大的市的人民政府，还可以根据法律和国务院的行政法规，制定规章”。民族自治地方的人民代表大会及其常委会，在行使同级人大及其常委会的职权的同时，还可以行使一定的自治权：有权依照地方及民族政治、经济、文化的特点，对国家颁布的法律制定变通的或补充的规定；有权制定自治条例和单行条例；有权管理属于民族自治地方的财政收入；有权

① 郭为桂：《中央与地方关系 50 年考：体制变迁的视角》，《中共福建省委党校学报》2000 年第 3 期。

自主地安排和管理地方性的经济建设，自主地管理本地方的教育、科学、文化、卫生、体育事业，保护和整理民族文化遗产，发展和繁荣民族文化；等等。

针对地方法律自主权的问题，邓小平甚至提出："有的法规地方可以先试搞，然后经过总结提高，制定全国通行的法律。""在全国的统一方案没有拿出来以前，可以先从局部做起，从一个地区、一个行业做起，逐步推开。中央各部门要允许和鼓励它们进行这种试验。"[①]

《宪法》及相关法律调整扩大了地方政府自主权，使地方政府自主性的成长与扩张获得了法律的支撑，其原则阐述代表了对地方政府自主性、正当性的承认。至少在结构层面，地方政府本身更像是一级拥有相对完整权力与责任设定的公共治理单位。

二　行政性分权

高度集权的政府间关系的建立，从根本上是由新中国的经济制度和计划经济管理体制决定的。[②] 然而高度集中的行政体制又是与高度集中的经济体制互为支撑，形成密不可分的集权结构。中央政府控制了地方政府的干部任免和调动，对地方政府的活动具有强制性的决定权、仲裁权，可以对地方政府行为行使着灵活自由、强势的干预力。严格地讲，在这种体制下，地方政府对地方公共事务并无太大管理自主权可言，其根本职责就是贯彻实施中央政府设定的政策议程，执行来自上级的命令和指示，并随时向中央政府请示和报告工作等，其履行职责所需要的资源也主要掌握在中央政府之手。

行政集权体制也在计划经济的全面推行过程中逐渐得到强化。1952年为了第一个五年计划的实施，中央政府对大行政区政府进行改组，随后将大行政区行政委员会或军管委员会改为行政委员会，将其确定为代

---

① 《邓小平文选》第3卷，人民出版社1993年版，第177页。

② 林尚立：《当代中国政治形态研究》，天津人民出版社2000年版，第338页。

表中央人民政府领导各地区、监督地方政府的机关。1954年大区一级行政机构被完全撤销，其理由正是：国家计划经济的建设，需要进一步加强中央集中统一的领导。[①] 与此同时，中央政府机构的数量与职能急速增加、扩大。1953年年底，政务院的部门由35个增加到42个，到了“一五”末期，国务院的部门更是增加到81个。中央各部门对各自所管辖事务实行垂直领导，形成了“一竿子插到底”的“条条专政”模式，人、财、物的大权基本都由中央掌握。中央高度集权的政治—行政—经济体制由此基本形成。[②] 1954年《宪法》更用法律形式将这种中央集权的政府间关系肯定了下来。也正因此，行政体制也成为分权改革的另一突破口。邓小平曾尖锐地提出了党和国家领导制度的主要弊端就是权力过分集中：“权力过分集中，妨碍集体智慧的发挥，容易造成个人专断，破坏集体领导，也是在新的条件下产生官僚主义的一个重要原因。”[③]

与集中于资源和产出分配的财政分权不同，行政分权重点是政府结构内部对于各项事务管辖权限的重新安排，事权与人事管理权的下放构成了行政分权的最主要内容。

事权的下放，扩大了地方政府管理地方事务的权限。下放的权力主要有固定资产投资项目审批权、对外贸易和外汇管理权、物价管理权、物资分配权、旅游事类的外联权和签证通知权、工资调整权等。中央还逐步弱化“条条专政”，大幅度缩小国家指令性计划的范围，将大部分经济活动放开。地方政府在基建等领域的审批权大幅度提升。地方投资成为投资的主体。此外，在国内投资、外贸、税收等领域，地方也获得

---

① 林尚立：《集权与分权：党、国家与社会权力关系及其变化》，载陈明明主编《革命后社会的政治与现代化》，上海辞书出版社2002年版，第182页。

② 参见郭为桂《中央与地方关系50年略考：体制变迁的视角》，《中共福建省委党校学报》2000年第3期。

③ 邓小平：《党和国家领导制度的改革》，《邓小平文选》第2卷，人民出版社1994年版，第321页。

了大量的新权限。[1] 中央及各级政府都还向下级政府下放了许多企业的经营管理权，尤其是把一些亏损企业下放给下级政府进行管理，以分解经营管理的负担。

人事管理权限下放。改革之前的干部人事制度是“下管两级”的干部分级管理体制，中央直接管理到地方的地厅级行政官员的选拔、任命及日常管理。[2] 1983 年 2 月，中央组织部制定了《中共中央组织部关于改革干部管理体制若干问题的规定》（下简称《规定》），[3]《规定》所提出的主要改革措施是：各级党委适当缩小管理干部的范围，下放管理干部的权限；列举了一些在业务管理体制上实行双重领导，以中央各部门为主的单位，只要符合条件，在干部管理体制上也以中央各部门管理为主。并规定，“对于在干部管理上实行双重领导，以中央各部门为主管理的领导干部，中央各部门党组和地方党委都负有考察了解和培养教育的责任”。《通知》形成了“下管一级，备案一级”的干部管理原则。“这样，中央管理的干部由原来的 13000 多人减少到 3000 人左右，其余人下放到地方组织部门，初步改变了过去管得太死的局面，使得中央有更多的时间和以更为严肃的方式考察最为重要的干部群体。”[4]

第三节　渐进实验与风险控制：自主性的国家逻辑

地方政府自主性成长的直接推动力是改革过程中政治、经济制度的

---

① 王绍光，胡鞍钢：《中国国家能力报告》，辽宁人民出版社 1993 年版，第 50 页。

② 何显明：《市场化进程中的地方政府行为逻辑》，人民出版社 2008 年版，第 154 页。

③ 中国社会科学院等编：《中国共产党党内法规制度手册》，红旗出版社 1997 年版，第 529 页。

④ 杨光斌、李月军：《当代中国政治制度导论》，中国人民大学出版社 2007 年版，第62 页。

变革，究其根源，却是改革以来制度变迁、国家建设的内在逻辑所决定的。新中国的肇建确立了政治上以中国共产党的领导为中心、以社会主义为价值诉求等不可动摇的原则，在苏联式政治经济体制遭遇挫折后，改革并没有依样画葫芦的模本可以照搬，必须依循中国现实国情进行探索。为了在共产党领导下保持改革进程中的稳定，改革走的是以经济为中轴、从局部到总体的渐进之路。从制度变迁的意义上讲，中国的改革带有典型的渐进型制度变迁特质。时至今日，当人们在反思回味中国改革开放取得伟大成就，尤其是对照苏联改革的悲剧性命运，也许都不得不感慨改革路径渐进性选择及其相对的有序和实效。从整体角度看，中国的改革是以经济改革为主体和前奏，政治行政体制改革应于经济改革的节奏和社会发展的现实循序渐进。

为什么会选择渐进性方式进行改革？渐进性改革有无其内在的理性？学者们已从各个角度对此做了深入的阐释。樊纲运用了“实施成本”和“摩擦成本”的概念对此进行了分析。所谓实施成本是在新旧制度剧变中一次性付出的成本，也就是人们相互之间废止旧“契约”和重新签约过程中的成本；摩擦成本是改革中由于社会中某些利益集团的抵触和反对所引起的经济损失。[①] 樊纲认为，考虑到摩擦成本存在，改革方案越激进，越是需要迅速打破旧制度和全面改革既得利益关系，就越是会遇到较大的社会阻力和社会冲突，相应的摩擦成本也越大。渐进改革的优势，一则有利于缓解利益冲突，二则有利于缓和改革“投入产出时滞”带来的矛盾，即可以用不断增强的经济能力为人们提供及时的补偿。若是从更策略化的方向去理解，樊纲此论昭示了改革需要一种理性：恰恰因为改革天然是一个利益重新博弈的过程，成功的改革者必须最大限度整合利益相关者，取得进一步推动的改革的优势。谋求毕其功于一役的变革，往往因触动稳固的利益格局的同时，又在猝不及防间唤起了过多的、错综复杂的利益期待，无法一次性满足这些期待或要求，最终功败垂成。

徐湘林提出渐进性改革是中国领导人为重建统治合法性的理性选

---

① 樊纲：《两种改革成本与两种改革方式》，《经济研究》1993 年第 1 期。

择，是以政治稳定为现实目标的，其特点是渐进的和累积性的，它是通过一系列政策选择来实现的。之所以如此，是因为改革首先是一种政治选择，是政治核心层的理性判断与选择的产物。正是从政治高度，而不是仅仅依据社会经济环境的变化，政治领导人考虑的是改革与稳定的平衡。“改革必须能够基本上维持政治体制的相对稳定性和继承性。政治体制具体表现为国家权力的组织机构和这些机构运行的规则和方式。政治改革所面临的最大挑战往往是，现行政治体制既是改革的对象，又是推行改革所依赖的组织手段。政治体制的剧烈变化不但会使改革的领导者失去推动改革的有效的组织手段，而且会使改革面临旧体制的顽强抵制而流于破产。”①

马德普从政治发展理论的视角，将渐进性视为改革的内在要求。“改革一定是具有改革意识的亦即具有现代化意识的统治者所领导的自上而下的变革性活动。它最困难、最重要的任务不在于破坏旧的，而在于建设新的，即适应现代化发展需要的政策、法律、社会运行机制、社会政治体制、社会管理方式乃至社会的价值观念、文化水平及大众的行为能力等。破坏旧的可以在较短的时间内以摧枯拉朽的方式完成，而建设新的则必须是一个缓慢的逐渐生长的过程。这就像我们可以在一天之内砍掉一棵百年大树，但是绝不可能在一天之内长成一样。与此相适应，改革和革命在具体操作上也存在着截然不同的特点。……因此，在改革过程中，改革者既要适应发展的需要不断地变革自身，同时又不能进行急速的或彻底的变革，否则就会使自己失去推动和驾驭改革的资格和能力，并使改革归于失败。这一点，可能是改革过程中最困难的选择之一”。②

何显明则指出，中国改革走上渐进性轨道的另一个至关重要的制约因素，是精英和大众对于改革的未来都没有清晰的图景，更缺少关于制

---

① 徐湘林：《以政治稳定为基础的中国渐进政治改革》，《战略与管理》2000年第5期。

② 马德普：《渐进性、自主性与强政府——分析中国改革模式的政治视角》，《当代世界与社会主义》2005年第5期。

度变革的相关知识储备。[1] 早在改革之前，改革旧体制的弊端的迫切性在决策层中已经形成了广泛而深刻的共识，但无论是对于改革的路径选择还是改革的目标，中国社会都缺少足够的理论与经济基础。虽然认识到了市场经济的效率优势，也试图借鉴市场经济的某些机制来弥补计划体制的不足，但对于市场经济的具体运行机制，市场机制如何同计划体制相衔接，决策层和知识界都十分陌生。政治体制改革上也面临着同样的问题，时至今日，虽然政治改革的必要性已毋庸置疑，但对于改革的诸多紧要问题，如何谓中国式民主、中国式民主的特色等问题仍然聚讼纷纭。邓小平的改革方略"摸着石头过河"，最形象地说明了知识约束给中国改革带来的困境。

在笔者看来，正因为权力中心自身也对改革的下一步路径选择无明确的意识，中国的改革并没有一个连续不变的目标，更没有一个精心规划的蓝图和改革时间表。甚至在改革的初期高层对于改革的方向都存在着巨大分歧。在高层无法提出一个明确统一的改革路线图的前提下，地方政府局部性改革的成效，可以为下一步的改革目标及其路径的选择提供指引，并为这种选择的合理性提供证明，这便是何显明所说的"试错逻辑"，换言之，地方政府成为可以改革政策的实验场。恰如李军杰指出的，在渐进性改革过程中，由于缺乏足够的创新知识，中央政府通常要利用接近治理最前沿的地方政府进行制度创新"试验"，从地方政府创新实验的成败得失中探索出改革的合宜空间和方案。[2] 另外，面对改革中出现的思想分歧，领导者甚至提出了"不搞争论"，[3]"拿事实来说话""三个有利于"标准是实用主义政治的象征。脚踏实地地"试验"也可以为上层改革力量推动制度创新提供更多的证据支持，从而强化改

---

① 何显明：《市场化进程中的地方政府行为逻辑》，人民出版社2008年版，第168页。

② 李军杰：《经济转型中的地方政府经济行为变异分析》，《中国工业经济》2005年第1期。

③ 苏晓龙、张东：《全面理解邓小平的不搞争论思想》，《中国特色社会主义研究》2000年第1期。

革的正当性。

从20世纪80年代开始，随着权力下放节奏的加快、幅度的扩展，中央政府对地方进行的改革创新从一开始的犹疑观望，开始走向鼓励和支持，尤其是农村改革和企业改革方面。部分地区进行试点改革—总结试点改革经验——在全国推广试点经验成为一种典型的改革创新模式。村民自治、企业承包经营责任制以及县级机构改革堪称这个时期的典型代表。村民自治经过1982年宪法确认以及1988年村民委员会组织法的规范，最终被确立为农村治理的基本制度。围绕这一制度所推进的村民选举而后还成为海内外广泛关注的对象，甚至被视为中国政治民主发展的里程碑意义的成就。从20世纪80年代中期起步的县级机构改革，以“小机构、大服务”为基本目标，力图减少政府冗员的同时，使政府体制适应经济发展的需要，提高公共服务和治理能力。试点成为此项改革的重要路径，国务院一开始确定的改革试点9个县，到1992年增加到了300多个县，造就了许多堪称成功的模式。[①]

30多年过去了，中国仍然处在改革的进程之中，中国的经济体制改革不仅没有结束，而且还在向纵深发展，在更加广阔的领域展开，地方政府的创造性、积极性仍然具有至关重要性，这样我们才能理解习近平总书记所说，“中央通过的改革方案落地生根，必须鼓励和允许不同地方进行差别化探索。全面深化改革任务越重，越要重视基层探索实践。要把鼓励基层改革创新、大胆探索作为抓改革落地的重要方法”。[②]

除了局部实验带来尚不可预期的正面效应外，分权对于改革的重要性还在于风险控制。曹正汉曾指出，在权威体制内，中央政府面临的首要问题是降低执政风险，维持政权稳定。执政风险来源于政府和民众之

① 参见杨雪冬《中国地方政府改革30年：治理的视角》，载杨雪冬、赖海榕主编《地方的复兴：地方治理改革30年》，社会科学文献出版社2009年版，第19页。

② 艾晓原：《改革生根呼唤基层探索》，《人民日报》2015年10月15日。

间潜在或公开的利益冲突。[①] 降低这一执政风险的重要路径是将治官权与治民权作区隔，由中央掌握治官权，治民权则交付于地方政府。中央政府进而把一些更容易引发民众不满的行政事务交给地方政府处理。“风险论”的前提预设是中央政府是风险规避者，为了最大限度回避民众发起的风险，中央政府会倾向于规避更多的政治责任。[②] 这一类型的风险控制论说对于理解中央政府向下分权的部分行为的确具有相当的说服力，但其视野局限于中央政府与民众之间的风险博弈关系，却忽略了中央政府与地方政府之间的风险博弈关系。治官权如果不能有效调控治民权的行使，地方政府反倒可能是中央政府更大的执政风险来源。需要强调的是，在既定的中央集权的政治框架下，无论在运作还是认识上，地方政府都是一个等级化、一体化权力链条的一部分，主要选择治官权可以理解为中央政府因管理幅度和管理成本的压力而有意识的权力收缩，但并不意味着中央政府可以轻松脱去治民带来的责任。政治风险论也简化了中央政府所面临的风险空间，例如权力的扩散可能弱化权力中心的权威性，为控制代理人的偏差行为所要支付的费用，经济自由化所诱发的多元化政治力量对权力中心执政地位的潜在威胁，因利益关系的调整引发的社会不安定因素等[③]简化了中央政府的风险判断机制——即中央政府的重要角色（核心领导、中央部委等）对于可能存在的不同风险的认知。

其实，我们还可以对风险控制从另一个角度即治理风险进行理解。这一视角与前述渐进改革及制度实验的逻辑有相同之处。即在逐步赋予地方政府更多自主权、鼓励地方政府大胆进行改革创新的同时，自然也将这些改革创新的风险局部化，使之暂时停留在可控的范围之内，或可称之为治理过程的“安检”模式。只有经过谨慎细致的审验，方才进

---

① 曹正汉：《中国上下分治的治理体制及其稳定机制》，《社会学研究》2011年第1期。

② 曹正汉、周杰：《社会风险与地方分权——中国食品安全监管实行地方分级管理的原因》，《社会学研究》2013年第1期。

③ 陈天祥：《中国地方政府与制度创新》，《中山大学学报》2000年第6期。

行推广。此种思维正像邓小平对证券市场试验的说法："这些东西究竟好不好，有没有危险，是不是资本主义独有的东西，社会主义能不能用？允许看，但要坚决地试。看对了，搞一两年对了，放开；错了，纠正，关了就是了。"①

领导人的魄力令人叹服，也在某种程度上体现了中央对于掌控力的强大自信。政策实验与风险控制构成了中央政府接纳甚至主动分权的重要机理，可称之为"地方政府自主性形成的国家逻辑"，这一命名也象征了中央政府的意志和意愿——肯定或认可地方政府自主性在成长中的关键作用，显示了中央的意志和意愿是决定地方政府自主性空间大小的主导力量。黄海峰的研究表明，地方政府大胆的改革创新行为，往往使地方政府捕捉出自中央政府的改革信号，对其强弱度和自身得失做出权衡的结果。② 地方政府自主性行为即便能突破局部的制度约束，却很难摆脱施加于其身之上的整个组织和制度结构约束。更重要的是，中央的意愿是一个难以捉摸的变量，中央政府并没有一个连续一致的政策目标，这种难以捉摸注定了地方政府自主性充满着不确定性。

---

① 《邓小平文选》第3卷，人民出版社1993年版，第372—373页。

② 参见 Haifeng Huang, "Central Signaling and Local Reform in China", *Paper Presented at the Annual Meeting of the The Midwest Political Science Association*, Palmer House Hilton, Chicago, Illinois, Apr. 20, 2006。来刊稿 Unpublished (https://www.researchgate.net/publication/25205348 0_ Central_ Signaling_ and_ Local_ Reform_ in_ China)。

第三章

权力下放的政治屏障

20 世纪 80 年代末以来，学界关于中国中央与地方问题的争议便集中于经济分权与行政分权的政治后果。诚然，分权赋予了地方政府在财政、行政等领域广泛的自主性，但对于中央政府在多大程度上丧失了对地方政府的约束力的问题，仍然争议不休。[①] 毫无疑问，在行政性分权与财政分权的同时，在政治层面，中国仍然保持着中央集权的结构，政治集权某种意义上构成了权力下放的约束条件。杨红伟就曾指出，在权力下放时代，财政包干制使地方已经成为权力与利益主体，并聚集着大量的资源，决策、管理过程走向分散化，中央政策的执行必然会受到影响。同时，中央没有自己独立的征税机构，只能依靠地方政府征税上缴。此外，财政包干制本身制度化程度不够，信息的传递与处理都有很大的问题，强有力的政治控制成为这种体制得以有效运转和维持的政治基础。[②]

中央政府对地方政府约束方式的选择，从根本上取决于中央政府所拥有的权力资源。迈克尔·曼将政治权力、军事权力、经济权力和意识形态权力视为人类社会权力的四种基本表达形式，并由此形成相应的组

---

① 参见 Merle Goldman，Roderick MacFarquhar，*The Paradox of China's Post-Mao Reforms*，Boston：Harvard University Press，1999。

② 杨红伟：《分散与重构：中央与地方权力关系的制度化研究》，博士学位论文，复旦大学，2007 年，第 65 页。

织和权力网络。[①] 依据此种分类，我们大致可将中央主要掌握的权力资源分为四种：政治（体现为政治制度和组织规章所赋予的权力）、经济（对重要经济资源的控制）、暴力（暴力机器的垄断）、意识形态（象征性规范）。暴力机器的隐秘化本来就是现代国家的正常状态，除了严重的政治危机情况下，很难想象中央政府会在央地关系中直接运用这一方式。在改革开放时代，因过去意识形态运用极端化带来的严重后果，领导层也有意识地削弱了意识形态的影响力，以避免过多意识形态论争对制度创新的掣肘。因而，政治手段和经济手段自然成了中央约束地方行为的主要方式。在计划经济时代，中央几乎掌握着所有经济资源，地方政府财政也只是国家财政的附属物，国家预算也由中央统一编制，地方在经济上高度依赖于中央。而改革开放后，特别是在财政包干制实行后，地方政府已有了独立的财政收入来源，而且多数地方政府财政资金缺口的解决，还可以通过本省自筹，即通过预算外或体制外资金的方式自我解决，无须依赖中央，地方对中央的财政依赖已经逐渐弱化。中央反而经常要依赖地方，才能渡过财政危机，中央几次向某些省份"借款"或要求一些地方"做贡献"便是证明。[②] 故而，政治和组织上的集权在改革开放时代实际上成了中央政府约束地方政府最重要的权力工具。

在当代中国中央政府对地方政府复杂的政治约束机制中，人事控制居于极其重要的地位。正如詹姆斯·李所说："在今日之中国，中央控制中最核心的控制就是对人事的控制。为了促进经济发展，鼓励地方执行政策的积极性，在过去十年中，北京已经放弃或放松了一些控制，尤其是在经济领域的控制。但是，人事控制基本上还是原封未动地保留在中央手中的。"[③] 兰德理（Landry）也说："我也不认为北京试图谋求控制

---

① ［英］迈克尔·曼：《社会权力的来源》（第二卷·上），陈海宏等译，上海人民出版社2007年版，第11页。

② 参见孙雷《十年回首"分税制"》，《二十一世纪报道》2004年11月14日。

③ James Z. Lee, *Central-Local Political Relationships in Post-Mao China: A Study of Recruitment Policy Implementation in Wuhan*, Ph. D Dissertation, The Ohio State University, 1993.

数以千计的地方干部的实际任命权。相反，我认为政治控制可视作能够有效地控制地方决策者的人事选择的规则和制度设计。既然地方政党机构的一个主要功能就是选择和提拔地方领导人，那么，一个关于干部政策及其实施的详尽研究就构成了对北京的制定政策原则并使其在地方得到执行的重要的经验性验证。政治控制的最终检验标准不在于中央组织部是否明显地控制着具体的人事决策，而在于地方决策是否在统计上表现出对中央所设定的一般性要求的遵从。"① 人事控制既是中央政府至高权威的体现，也是中央政府节制地方政府偏离行为的最后封锁线，是具有强大威慑力的撒手锏。"对于不听中央、国务院的话的，处理要坚决，可以先打招呼，不行就调人换头头"。②时任国务院副总理的朱镕基曾在河北对财政厅厅长说："请你向你的部下约法三章，千万别出馊主意……我要查税票，只要查出，必须撤几个人，甚至刑事处分。"③ 因此，"中央对地方约束主要是通过党管干部来实现的，即中央通过各级党委、党组织控制各级各类干部，形成了一个层层控制、巨细无遗的干部人事控制网"。④

本章将中央对地方的人事控制，视为代表政治集权的最重要变量，也就是中央政府在权力下放的进程中控制地方政府自主性的主要方式。

第一节　党管干部：核心控制

一　党的领导

中国的现代化转型实际上是一个国家建设和社会再组织化的双重过

---

① Pierre F. Landry, *Decentralized Authoritarianism in China: The Communist Party's Control of Local Elites in the Post-Mao Era*, Cambridge University, 2008, p. 17.

② 《邓小平文选》第3卷，人民出版社1993年版，第319页。

③ 转引自赵忆宇《分税制决策背景回放》，《瞭望新闻周刊》2003年第15期。

④ 谢庆奎、燕继荣、赵成根：《中国政治体制分析》，中国广播电视大学出版社1995年版，第118页。

程，革命型或使命型政党应运而生，形成了“党建社会、党建国家”的逻辑。这种政党发育早于国家成长的情势，赋予了中国政治体制与众不同的特性，就是林尚立所说的“国家权力是在党的组织网络中运行，而不是政党在国家机构中活动”。[①]与之相应，党的组织体系实际上嵌入了当代中国中央与地方关系的基本结构中，可以说是后者的一种组织黏合要素。如果仅从人民代表大会为中心的政府制度框架来看，中国政治制度是一个自下而上授权的体系，但若是注意到党的领导以及政党的严密组织性、纪律性、集中性，对于中国政治的集权特征或可以有更精确的理解。

政党领导体制的属性被概括为“党的一元化领导”，在实际政治生活中体现为党委制和党组制、党管干部制度、归口管理制度、党委领导下的集体负责制以及有关案件的党内审批制度等多种形式。[②]

党委制和党组制是党的领导在正式权力结构中的制度体现。新中国成立之初，在建立全新的政府机构之后，为了便于管理政府内部的党员并对相应政治事务进行有效控制，在中央政府及其国家机关和各级地方政府中都设置了党委会。1949 年中共中央政治局通过了《中央关于在中央人民政府内组织中国共产党党委会的决定》，决定指出：（1）中央人民政府业已建立，特决定组织中央人民政府机关内的党委会，凡参加中央人民政府工作的党员，除中央允许外，必须一律参加支部组织，过党的组织生活。（2）在中央人民政府党委之下，按照党员人数及工作部门的性质设立 6 个分党委，即政法委员会党委、财经委员会党委等。（3）中央指定党委会和分党委会。

鉴于新生的中共中央人民政府及政务院内部引入了许多党外人士，为了加强党的领导，中共中央又发出了《关于在中央人民政府内建立中国共产党党组的决定》。党组由中央人民政府中担任负责工作的共产党员组成。党组的主要任务是讨论和决定本单位的重大问题，尤其是本单位的人

---

① 林尚立：《集权与分权：党、国家与社会权力关系及其变化》，载陈明明主编《革命后社会的政治与现代化》，上海辞书出版社 2002 年版，第 196—197 页。

② 庞松、韩刚：《党和国家领导体制的历史考察和改革展望》，《中国社会科学》1987 年第 6 期。

事任免管理，保证党的政策主张在本部门得到贯彻和实行。林尚立对党委与党组的政治功能做出极为精到的刻画：在中央和地方国家机关中建立党组，使党员直接掌握国家权力；党的各级委员会，形式上独立于政府之外，对相应的各级政府官员拥有组织人事任免权，或任免建议权等，以此来实现党的领导。在第一种方式中，党组成为与政府共同履行行政功能的政府组织；在第二种方式中，政府不仅受其内部的党组控制，而且受其外部的同级党委控制。这两种方式高度的互联性和同构性使党非常容易代替政府，政府间关系无形中转化为党组织的上下级关系。①

在党的一元化领导体系中，归口管理与双重领导制度是值得关注的重要面向。归口管理中的“口”指的是政府工作的某一特定领域，如司法、农业、文教。“口”的概念又同人们所说的条块关系中“条”极为类似。所谓的归口管理，即是在政府部门工作与职能划分的基础上，为了保证党对工作的最高仲裁权，也为了相关职能部门工作整合协调的需要，根据政府工作性质，将之划分出相应的“口”，由同级党委的常委分别负责。归口管理又常常结合了“领导小组”的设置。中央国家机关分设于地方的下属机构、企事业单位，就其领导关系上又出现了双重领导方式：业务上受中央主管部门领导，党务及行政事务上接受地方党委及人民政府的领导。归口管理制度的重要意义就在于，权力的运行起点来自中共中央政治局，党组织借由与政府职能部门几乎对位的工作机构设置，进一步强化了对政府组织的控制。②

党中央对国家权力机关、地方各级党政组织进行有效控制和管理，中央政令在全国范围内得到切实的贯彻执行，既依靠党的严密的领导系统，也有党严格的政治组织纪律予以保证。这一纪律准则的核心即“全党服从中央，下级服从上级”。尽管改革开放以来，有了党政职能的界分，中央对地方的放权让利，但这项原则并未有所撼动，尤其是在重大的政治方

---

① 陈明明：《现代化进程中政党的集权结构和领导体制的变迁》，《战略与管理》2000 年第 6 期。

② 参见杨光斌、李月军《当代中国政治制度导论》，中国人民大学出版社 2007 年版，第 50—56 页。

向和政治原则问题上。朱光磊指出，全党服从中央是下级服从上级的基础与前提。[①] 中央的领导不仅是政治方向和政治原则的领导，还体现为地方各级组织和党员在直接面对上级组织的同时，还可以直接与中央发生工作关联，比如当与直接上级存在不同意见的时候，可以直接向党中央反映和汇报工作。反过来，中央领导也可以直接越过中层组织，通过视察、考察、巡视、下基层等形式，直接过问地方的和基层的党政工作。

党的中央集权最重要的制度工具便是党的干部管理体制。伯恩斯说："或许共产党控制当代中国政治、经济、社会和文化机构的主要工具就是党任命干部制度。这套制度包括了一系列的领导职位，党组织通过任命和罢免对这些职位行使权力；也包括了一系列的进入这些职位的后备或者候选者名单；还包括进行适当的人事变革的机构和程序。"[②] 干部管理体制涉及的是如何对干部进行选拔、任命、考核、升降等内容。在当代中国的干部管理体制中，最核心的要素和最基本的原则就是"党管干部"。

西方学术界对此种制度形式有个类似的界定，即 Nomenklatura System,[③] "提名任命制""党任命干部制度""干部名单"或曰"官职等级名录制"。[④] 根据冯佩成的研究，官职等级名录制是苏联干部制度的核心内容，它萌芽于列宁时期，于斯大林时期全面形成，这种制度导致苏联出现了一个保守封闭的官僚特权阶层，成为苏联垮台的一个重要原因。"官职等级名录是包括苏联党、国家和社会团体中最重要职务及任职干部的名录清单，党的各级机关编制官职等级名录，对担任重要职位的干部进行预先审查、选拔推荐、批准任命。""官职等级名录制的实质在于，党的领导机关自上而下控制着国家所有领域干部的任命。作为一种掌握干部、控

① 朱光磊：《当代中国政府过程》，天津人民出版社 2008 年版，第 270 页。

② John P. Burns eds., *The Chinese Communist Party's Nomenklatura System*, New York: M. E. Sharpe, Inc., 1989, Introduction, pp. 1 - 2.

③ Nomenklatura 一词系俄文，乃是出自苏联的用法，指的是由党的各级干部管理部门任命的政府及企业负责人。

④ 冯佩成：《苏联干部制度的形成、发展与影响》，博士学位论文，华东师范大学，2006 年，摘要部分。

制机关、把握权力的机制，官职等级名录制构成苏联干部制度的核心。”[①]“苏联的官职等级名录，实际上是包括苏联党和国家机构以及社会团体最重要职务及领导干部的一种名录清单，该名册中也包括由各级党委——从区委、市委导苏共最高机关——预先审查、选拔推荐、批准任命的这些最重要职务的候选人。”[②] 苏联共产党的“Nomenklatura System”显然与中国共产党的“党管干部制度”在目标和方式上具有相似性。伯恩斯说：“依赖于党任命干部制度，尽管在不同的共产主义国家有所差别，共产党政权保证着国家的领导机构只能行使党赋予的自主权。”[③] 两种制度的实质都是要通过对政权体系中核心行动者权力源泉的控制，保证精英主体被纳入政权的治理结构内，从而进一步推进党和国家权力能够渗透深入社会之中。

二 党管干部体制的演变

“党管干部”的基本目标是：将所有干部以直接或间接方式纳入以党组织为中心的干预和控制网络中。“总之，从最初级到最高级的每一个干部，都要有一定的机关来管理，不应有任何一个干部而没有地方管理他的。”[④] 按照中央组织部门的权威解释，其基本要点有二：一是原则上，一切干部都应当分别由党中央、各地区、各部门、各单位的党组织负责管理；二是上级党委决定的干部问题，下级党委必须贯彻执行，下级党委决

① 冯佩成：《苏联干部制度的形成、发展与影响》，博士学位论文，华东师范大学，2006年，摘要部分。

② 同上书，第56页。

③ John P. Burns eds., *The Chinese Communist Party's Nomenklatura System*, New York: M. E. Sharpe, Inc., 1989, Introduction, pp. 1–2.

④ 刘少奇：《在中国共产党第一次全国组织工作会议上的报告》（1951年3月28日），新华网（http://news.xinhuanet.com/ziliao/2004—12/17/content_2347074.htm）。

定报批的干部问题，上级党委认为不适当的，可以改变下级党委的决定。[①] 在这一目标和原则指引下，中国的干部管理制度经历了复杂的变革。从纵向控制的角度，改革体现为“下管两级”到“下管一级”的逐步转变。

新中国成立之初，干部管理制度尚不规范，中央和各级党委对干部的选拔任用没有明确的级别和范围的划分，上级可以选拔任用以下几级的干部。1950 年 12 月，安子文在关于干部管理问题向毛泽东、刘少奇的报告中，建议仿照苏联共产党的干部职务名单制的办法，实行“由少到多，逐渐多管”的原则，中央选拔任用地市委正副书记、专署（市）专员（市）以上干部；省市委选拔任用区主要领导以上的干部；县选拔任用乡（村）主要干部。从干部选拔体制上看，是由组织部门统一选拔任用、人事部门协助执行的干部选拔任用体制。[②]

1953 年，中共中央发布了《中共中央关于加强干部管理工作的决定》（下简称《决定》），决定建立在中央及各级党委的组织部统一管理下的分部、分级管理干部的制度。所谓分部，就是将全体干部划分为九类，在中央及各级党委组织部的统一管理下，由中央及各级党委的各部分别进行管理。比如，军队干部由军委的总干部部、总政治部和军队中的各级干部部、政治部负责管理；文教工作干部由党委的宣传部负责管理……党、群工作干部和未包括在所列九类之内的其他工作干部由党委的组织部负责管理。建立党委各部分管干部制度后，中央及各级党委的各部新增加的任务是：（1）管理干部：采取各种实际可行的方法，深入地、系统地考察、了解干部的政治品质和业务能力，并以此为依据来正确地挑选和提拔干部；（2）检查党的政策、决议在有关部门中的执行情况。

所谓分级管理，是指“凡属担负全国各个方面重要职务的干部均应

---

① 中共中央组织部：《党的组织工作问答》，人民出版社 1983 年版，第 89 页。转引自杨红伟《分散与重构：中央与地方权力关系的制度化研究》，博士学位论文，复旦大学，2007 年，第 70 页。

② 参见黄相怀《当代中国中央与地方关系中的集权—竞争模式》，博士学位论文，中国人民大学，2007 年，第 110—115 页。

由中央加以管理，其他干部则由中央局、分局及各级党委分工加以管理”。分部是按照干部所从事的工作性质来划分管理范围，而分级则是在中央与地方之间划分干部管理的范围。至于中央与地方就共同管理的干部进行管理协调方法，《决定》指出：“中央及各级党委管理的干部，有很大一部分是互相交叉的；即是说，有很多干部同时由两级或三级党委管理。凡属此种情形均应由最上级的党委主管，下级党委协助管理。即：下级党委应从监督、了解、教育、鉴定等方面来协助上级党委管理这些干部，下级党委并可对这些干部的任免、调动提出建议，但任免、调动这些干部的决定权属于最上级的党委。”

伯恩斯认为，1953 制度的重要成就之一：确立了一直延续到 20 世纪 80 年代的干部由党委各部依照职责分别管理的制度。[①] 李侃如则指出，1953 年干部管理体制改革确定了上级任命权的原则，同时也明确了任命权覆盖的层次是下两级官员。[②]

“文革”结束后，中央开始逐步恢复遭到严重破坏的干部管理制度。1980 年 5 月，中央组织部发布了《中央组织部关于重新颁发〈中共中央管理的干部职务名称表〉的通知》（下简称《通知》）[③]，基本目标就是重新恢复 1953 年确立的干部管理制度。《通知》重申了“党管干部原则”。关于各级党委管理干部的范围，重新明确了“下管两级”的原则，“只管下一级不能适应工作的要求，也容易产生弊病。管理下三级，实际上管不起来”。也明确了交叉管理干部的管理，由最上一级党委主管。

中央组织部 1983 年发布的《中共中央组织部关于改革干部管理体

---

① John P. Burns eds., *The Chinese Communist Party's Nomenklatura System*, New York: M. E. Sharpe, Inc., 1989, p. 13.

② ［美］李侃如：《治理中国——从革命到改革》，胡国成、赵梅译，中国社会科学出版社 2010 年版，第 241 页。

③《中央组织部关于重新颁发〈中共中央管理的干部职务名称表〉的通知》，载曹志主编《各国公职人员管理体制》，中国劳动出版社 1990 年版，第 254 页。

制若干问题的规定》对既有的干部管理制度进行了多方面改革[①]，主要措施是：(1) 各级党委适当缩小管理干部的范围，下放管理干部的权限。中央管理干部的范围改为：省、自治区、直辖市党委常委、顾问委员会正副主任、纪律检查委员会常委，省、自治区、直辖市人民政府正副省长、正副市长、正副主席，省、自治区、直辖市政协正副主席，省、自治区、直辖市高级人民法院院长、人民检察院检察长；中央国家机关各部委正副部长（主任）、党组成员和正副司局长；一部分大城市的市委正副书记、市政府的正副市长；少数对国民经济有重大影响的骨干企业、事业单位，以及少数影响较大的重点高等院校的党政正副职。(2) 列举了一些在业务管理体制上实行双重领导，以中央各部门为主的单位，只要符合条件，在干部管理体制上也以中央各部门管理为主，比如跨省区的铁路系统、流动性大的海洋局系统、在业务和政策上需要高度集中管理的海关系统、作为经济实体的全国性专业公司（石油化学总公司）等。并规定，"对于在干部管理上实行双重领导，以中央各部门为主管理的领导干部，中央各部门党组和地方党委都负有考察了解和培养教育的责任"。

杨光斌认为，"下管一级"有利于增强省、自治区、直辖市党委和中央各部委管好干部的责任感，有利于贯彻对干部管少、管好、管活的原则，有利于推动各项干部制度的改革。而"备案一级"则是为了便于掌握厅、局、地、市级主要领导干部的情况，便于监督监察和发现人才。[②] 虽然下一级提名制意味着省以下的单位领导人获得了对其管辖范围内官员任免的几乎全部控制权，会造成地方或部委对于职务机会的内部控制的可能性，但李侃如相信，"作为中国共产党权力的一个主要源泉，其基本结构——党影响或绝对控制多种非党机构的领导人任命的一

---

① 《中共中央组织部关于改革干部管理体制若干问题的规定》，载中国社会科学院等编《中国共产党党内法规制度手册》，红旗出版社 1997 年版，第 529 页。

② 杨光斌：《中国政府与政治导论》，中国人民大学出版社 2003 年版，第 39 页。

个制度化工具依然非常适用”。[①]

除了权限的变化，干部管理制度变迁中同样值得注意的是相关选拔任用考核的制度规范上的发展，这也是保证干部队伍的素质、能力和政治方向符合改革开放与现代化建设要求的必然。黄亚生指出，中央组织部强化制度和党内法规的制定与实施，是放松人事管理权的一个自然反应。“由于放松了对领导干部任命的直接控制，中央组织部寻求通过另外的方式来监督对领导干部的任命决定，比如，明确基本的规则，进行目标性直接控制，确定记录报告的形式和内容，以及保留否决的权力等。这些措施都是为了克服下管一级的制度通常会带来的任人唯亲或地方主义而设计的。”因此，干部管理制度法规在地方的执行情况对中央组织部来说也是非常重要的，因为这实际上才是其工作成败的最主要检验标准。[②]

在选拔任用方面，1986 年，中共中央发布了《中共中央关于严格按照党的原则选拔任用干部的通知》[③]，针对在干部选拔任用工作中存在的一些问题，如“凭个人好恶、恩怨取人，或以对自己有利无利为尺度用人，或从封建的宗族观念和宗派观念出发选人”等现象，提出了选拔任用领导干部必须遵守的几条规范，如：严格按照规定的程序办事；充分走群众路线；拟任职务所要求的德才条件进行严格考察；选拔干部必须由党委集体讨论决定、不准个人独断；等等。

而在干部考核上，有学者指出，新中国成立以来领导干部考核制度经历了政治忠诚—政绩能力—全面发展三个阶段。[④]改革开放初期，干部考核的标准强调的是“德、能、勤、绩”，其中，“考绩，是考核干

---

① ［美］李侃如：《治理中国——从革命到改革》，胡国成、赵梅译，中国社会科学出版社 2010 年版，第 242 页。

② Yasheng Huang, “Administrative Monitoring in China”, *The China Quarterly*, No. 143, Sep. 1995, pp. 828 - 843.

③ 《中共中央关于严格按照党的原则选拔任用干部的通知》，载中国社会科学院等编《中国共产党党内法规制度手册》，红旗出版社 1997 年版，第 588 页。

④ 叶贵仁：《我国地方政府领导干部考核制度发展的三个阶段：1949—2009 年》，《华南理工大学学报》2011 年第 4 期。

部的工作成绩，主要看对现代化建设直接或间接所做的贡献”。[1] 1988年，中共中央组织部发布了《地方政府工作部门领导干部年度工作考核方案（试行）》，[2] 提出考核的内容是“被考核者的德、能、勤、绩，重点是履行岗位职责的工作情况和实绩”。对考绩的强调，凸显了改革开放形势下与官员处理实务能力的迫切要求。考绩相对而言，比德、能、勤更具有可测量性，在某种程度上甚至可以作为后三者的充分体现。此后，“绩”演化为更明确的标准，深刻影响了地方治理的现状。

第二节　政治控制下的激励与约束

前面部分的论述，更倾向于政治集权特征的刻画及其中相对稳定的因素。改革开放与市场化已创造出截然不同的经济和社会背景，旧有的政治控制机制势必也在实际运作中进行相宜的调整。新的运作机制既体现为同晋升机会正相关性的政绩激励上，也呈现为一些干部交流等传统机制的新发展。

一　经济发展与晋升机会

毫无疑问，德、能、勤的标准在实际操作过程中很难进行规范和量化，而“绩”确是更容易显现、更容易测量、更容易评判的标准。“绩”是指公务员的工作实绩，包括完成工作的数量、质量、效率和所产生的效益。质量、效率和效益等指标也很难用统一的标准进行量化和考核，所以，对干部的考评被集中到了能够衡量经济发展规模和速度的

---

① 《中共中央组织部关于实行干部考核制度的意见》，载中国社会科学院等编《中国共产党党内法规制度手册》，红旗出版社 1997 年版，第 603 页。

② 《中共中央组织部关于实行干部考核制度的意见》，载中国社会科学院等编《中国共产党党内法规制度手册》，红旗出版社 1997 年版，第 608 页。

GDP和GDP增长率上面自有其理。[①] 这大体也符合中央与地方的共同目标及利益，即地方经济取得了发展，无论中央和地方都能从中受益，获得更多的税收资源、财政利益，而且都能从中获得合法性的提升。发展成为中央政府与地方政府的某种心照不宣的共识或“共谋”。

在这种状态下，许多学者还揭示出了一种潜在的激励机制，即地方干部的政治升迁与经济发展具有较高的正相关性。薄智跃认为，“在经济改革时代，绩效在省级领导人的政治流动中发挥着重要的作用。在任期内拥有更好的经济增长记录或收入贡献记录的省级领导人，更少有可能被降级，也更少有可能被中止政治生涯”[②]。

根据杨红伟的研究，省级领导的政治晋升与其任职省份的财政贡献存在较明显的相关性：（1）干部升迁的人数和比例与该省对中央财政贡献的大小成正相关关系；（2）由于拥有更多的进一步晋升的机会，在财政贡献大的地区，领导干部的“政治生命”普遍地比财政贡献小的省份的领导要长；（3）财政贡献大小与未能晋升的领导干部所占的比例成负相关的关系，财政贡献小的地区，更多的领导干部未能获得晋升机会，而财政贡献大的地区，未能获得晋升的干部的比例就越小。[③]

激励的本质就是要调动行为主体的积极性。按照周黎安的说法，地方政府处于政治锦标赛激励当中。[④] 中央政府在处理监督下级政府行为的问题时，如果控制指标比较模糊，那么监督成本就很高。所以，政治锦标赛的意义，其实就是以经济增长为指向，结合中国各级地方政府的放大机制，让每一级政府都处于增长竞争的格局中，每个官员的仕途升迁同本地经济增长相挂钩，充分调动地方政府官员推动地方经济发展的

① 兰永生：《现行政府官员政绩考核标准审视：一种信息经济学视角的分析》，《内蒙古农业大学学报》（社会科学版）2005年第3期。

② Zhiyue Bo, *Chinese Provincial Leaders: Economic Performance and Political Mobility Since* 1949, M. E. Sharpe, Inc., 2002, p. 143.

③ 杨红伟：《分散与重构：中央与地方权力关系的制度化研究》，博士学位论文，复旦大学，2007年，第74页。

④ 周黎安：《转型中的地方政府——官员激励与治理》，格致出版社2008年版，第97页。

积极性，这便能相当大程度解决监督信息不对称的问题，还能大大节约监督成本。

二 干部交流

中国的干部管理体制中一个重要的组成部分，便是干部交流制度。干部交流制度指的是各级党委和政府以及组织人事部门，对其权限内的领导干部的岗位进行有计划的定期调整的制度。干部交流的主要形式有调任、转任、转岗、挂职等。1983 年出版的《党的组织工作问答》这样解释了干部交流制度的意义："实际生活证明，主要领导干部长期间固定在一个地区或一个部门工作，虽然有利于熟悉情况，便于从实际出发开展工作。但是，也会带来某些弊病，譬如：（一）容易形成家长作风，搞"一言堂"，削弱集体领导；（二）容易固守老经验、老框框，视野不宽，眼界狭窄，安于现状，故步自封，产生自满情绪，对新情况新事物缺乏敏感度；（三）容易产生宗派主义和小团体主义，同志关系被人际关系或裙带关系所代替，把公事和私事搅在一起助长不正之风。"[①] 假如说晋升锦标赛更侧重于激励的一面化，干部交流则表现出更浓厚的约束特性。

改革之前，干部交流就被作为干部管理工作的重要内容。客观来说，绝大部分的干部交流工作是出于治理目标的需要，如干部的锻炼与培养、各地区经验的相互借鉴，等等。1962 年，中共中央八届二中全会通过了《关于有计划有步骤交流各级党政主要领导干部的决定》，明确建议将干部交流作为党管干部体系的基本组成部分。中共十一届三中全会以后，部分地区和单位也开展了跨地区跨部门的干部交流活动。中共中央 1990 年正式出台了《关于实行党和国家机关领导干部交流的决定》。1999 年，中共中央组织部下发了《党政领导干部交流工作暂行规定》，重点推行党政正职领导干部、组织人事、纪检检查、审计、财政、

① 中共中央组织部：《党的组织工作问答》，人民出版社 1983 年版，第 102 页。

工商、公安等重要部门领导干部的交流。1995年至2000年5月，全国96%的省、自治区、直辖市委书记、97%的省、自治区、直辖市长进行了交流或异地任职。新千年后，在《2002—2025人才队伍建设规划纲要》等一系列文件中，中央强调干部交流工作要常抓不懈，通过干部间交流，缩减地区间人才分布不均的状况，从而为缩小地区、部门间发展水平的差距提供人才支持。

然而，通过频繁地更换地方干部，既是中央控制权威的体现，也是巩固中央政治集权的重要方略。这种方略在中国政治上有源远流长的历史。邓小平对此便颇为认可，他说："'文化大革命'的后期，毛主席把八大军区司令对调，这是因为懂得领导军队的艺术，就是不允许任何军队领导干部有个团团，有个势力范围。……地方也有这个问题，搞久了也可以调动一下。"[①]

黄亚生的研究表明，中央可以通过不断进行干部人事变动、缩短地方干部在某个地区或某个岗位上的连续性任期来加强地方对中央的服从，使地方干部在控制投资过热与通货膨胀方面与中央的目标更接近。他指出，在频繁的人事变动下，地方对中央的政治依赖加强了，也可以防止地方官员与任职区域形成过于复杂的利益关系，避免二者的有机结合建构出牢固的地方利益共同体来。[②] 黄亚生此理论的逻辑在于：一方面受中央之命而来的地方官员，因为任期的相对较短，对地方还缺乏足够的认同感，很难与地方形成某种稳固的利益共生关系，故而比较容易保持对中央的忠诚度，能够更为严格地遵从来自中央的政策指令。在另一方面，由于中央政府同地方代理人之间存在的信息不对称，使中央很难及时或系统地掌握地方官员的行为信息，频繁的人事变动可以作为信息缺失的一种替补机制，有效避免信息扭曲的递增效应。换言之，在中央对地方官员很难有确定的预期的情况下，缩短地方官员的任期，是

① 参见辛向阳《百年博弈：中国中央与地方关系》，山东人民出版社2000年版，第346页。

② Yasheng Huang, *Inflation and Investment Control in China*, New York: Cambridge University Press, 1996, p. 107.

一个相对有效的控制手段。[1]

值得回味的是，杨红伟经统计分析发现，越是财政贡献大、经济发展水平较高的地区，地方官员的平均任期却越短。杨红伟提出的解释是：分权改革之下，中央对地方存在着一定的财政依赖关系，越是经济发达、税源充足地区，中央寻求其服从的动机就越强，反过来地方政府同中央偏好偏离的可能性越大。[2] 这一判断也正好印证了我们在本章伊始提出的假定：中央对地方的人事控制，视为代表政治集权的最重要的变量，也就是中央政府在权力下放的进程中控制地方政府自主性的主要方式。

三 纪检与信访

中央对地方政府政治控制的意义上，有两重机制往往为人所忽略：纪检和信访。

纪律监督是人们在研究中国共产党的执政体系和执政逻辑时，极易忽略的功能部分。在党内民主与国家民主尚不健全，来自党外的权力约束较为薄弱之际，对于党内的内部权力约束，党风党纪的清正，执政党自身的监督体系至关重要。邓小平说："对于共产党员来说，党的监督是最直接的。"[3] 此种党内监督在体制上的主要体现便是党的各级纪律检查委员会的设立。

1949 年新中国成立后，为了适应治理国家的新要求及政党角色的变化，党决定设立以朱德为书记的中共中央纪律检查委员会。至 1955 年，中国共产党又在中央和各级党组设立监察委员会以取代纪律监察委员会。复杂的机构变迁过程限于篇幅在此难以赘述，需要着重注意的是现行监督体系的特征及其运行方式。

---

① 杨红伟：《分散与重构：中央与地方权力关系的制度化研究》，博士学位论文，复旦大学，2007 年，第 76 页。

② 同上书，第 79 页。

③ 《邓小平文选》第 1 卷，人民出版社 1994 年版，第 270 页。

双重领导是纪检模式的主要特征，即各级纪律检查委员会既受同级党委的领导，也受上级纪律检查委员会的领导。这是新党章的重要原则和规定。2004年出台的《中国共产党党内监督条例（试行）》则在坚持这项原则的基础上，又具体规定了党的地方和部门纪委、党组纪检组可以直接向上级纪委报告本地区、本系统、本单位发生的重大问题。这明显提升了纪检系统的监督权力。

此外，监督制度的设计也有多种形式的突破。例如，党中央极为重要的监督手段——巡视组。监督条例规定，巡视组可以根据巡视工作需要列席所巡视地方的党组织的有关会议，查阅有关文件、资料，召开座谈会，与有关人员谈话，了解和研究群众来信来访中反映的有关领导干部的重要问题。这便为巡视组及时了解情况提供了重要保障。尤其是在反腐运动趋向深入的进程中，纪律检查机构大大地扩展了其行动的规模，发挥着难以估量的价值。

另外，信访制度，是指公民、法人或者其他组织采用书信、电话、走访等形式，向各级党政机关及其所属部门反映情况，提出意见、建议和要求，由相关机关依法处理的一种制度。信访活动在新中国成立以前便已出现，然而作为一项规范性的制度加以确立并随之不断地完善还是新中国成立以后的事。1951年5月16日，毛泽东做了《必须重视人民的通信》的批示，指出："必须重视人民的通信，要给人民来信以恰当的处理，满足群众的正当要求，要把这件事看成是共产党和人民政府加强和人民联系的一种方法，不要采取掉以轻心置之不理的官僚主义态度……"1953年1月5日，毛泽东在党内指示《反对官僚主义、命令主义和违法乱纪》中对官僚主义进行了有力批判，并要求结合整党建党及其他工作，从处理人民来信工作入手，整顿官僚主义作风。制度化的信访，一开始就被纳入共产党权力的组织网络之中，被当成了共产党与人民政府加强与人民联系的一种方法，并结合了整党建党及其他工作如整顿官僚主义作风的需求。

有学者已指出，信访制度具有监控官僚体制的重要功能。在共产党政权建立初期，最高领导人就非常警惕官僚体制的腐败问题，并以各种方式监督官僚体制，防止其腐败堕落、脱离群众。最常用的办法是开展运动，信访制度在控制官僚体制方面只处在边缘的辅助位置上。在“文革”结束、运动方式被宣布退出政治舞台后，信访作为对官僚体制的非常规控制功能更加凸显。新中国有特定的思想和政绩考评标准对官僚进行控制，但这种控制会遇到很多障碍，比如官员之间的互相庇护、虚假的政绩工程等。这些障碍使中央和上级官员无法准确了解下级官员的信仰坚定程度、行政能力、道德水平等。而信访制度可以作为中央和上级官员了解下级官员的一个非常规窗口。对信访所涉及的重大案件，中央和上级国家机关会派人到基层调查，这种调查也是对基层涉案官员的调查和了解。它绕过了中间的官僚阶层，实现了中央和上级对基层官员的监控。依靠一套自上而下科层结构加以治理：一方面，科层组织取代了各种传统组织，高度集权；另一方面，科层组织的各种理性化规范程序又未能充分发育。这样，政策制定者和监督执行者的治理目标过于庞大，而掌握的信息又大量残缺，这样中央和上级机关就无法从官僚体制内部获取足够信息，以判定当前社会形势和重大问题。此时，信访制度就充当了一种非常规的信息获取渠道。中央和上级国家机关，通过对群众来信来访的接待，绕过官僚体制获取信息，便于制定更为合理的政策措施。①

第三节 “分权”的新挑战

依据中国的国情，在现代化的进程中，中央集权有着内在的合理性，是近代以来统一与建国两大目标的必然要求。② 而在理论上，集权也是现代国家的主要特征。在马克思主义看来，中央集权是国家存在的

① 参见李剑《制度互补与制度替代——政治参与视野下的人大与信访》，《云南行政学院学报》2005 年第 4 期。

② 参见苏力《当代中国的中央与地方分权——重读毛泽东〈论十大关系〉第五节》，《中国社会科学》2004 年第 2 期。

根本，没有集权便没有国家。“集权是国家的本质，国家的生命基础，而集权制不无道理正在于此。每个国家必然要求实现集权……联邦制国家需要集权，丝毫也不亚于已经发达的集权国家。只要存在国家，每个国家就都会有自己的中央，每个公民只是因为有集权才履行自己的公民职责”。[①] 波齐把国家界定为出现在特定领土范围内的一种政治组织，它有几个主要特点：（1）和同一土地上出现的所有其他组织不同并分离开来，就是说，国家是一种独一无二的政治组织；（2）具有自主性，就是说，国家的决策并不完全是对国内外的各种政治力量所提要求的反映；（3）集权性，就是说，与其他政治组织相比，国家的权力是相对集中的；（4）国家间的各个部门具有协调性。[②] 对吉登斯而言，对特定领土的行政垄断、对暴力工具的直接控制乃是现代民族国家的最重要因素。[③]

随着中央集权体制的完善，地方割据分裂的威胁也渐趋弱化。近两百年来，在走向现代国家的进程中，中国政治结构中集权的实质仍保留了下来，并且依赖现代组织手段、交通、信息工具，在广度、深度上都有了前所未有的发展，而从本章前文的分析也可看出，直至今日，在对地方政府的控制和约束方式上，政治权力运行仍保留着某种传统的特征。党政体制上的集权对于加强中央的宏观调控能力，对于维持国家的大局稳定，起到了非常重要的作用。然而，正如许多研究业已提及的，市场改革的深化给地方社会及地方治理的背景条件带来了深刻的变化，中央政治集权的资源及其运用，也将会遭遇许多新的挑战，以人事控制为中心的政治集权是否足以确保地方政府行为对中央的偏好也成了一个极为值得慎思的疑问。

虽然集权的主要指向是遏制地方政府与地方社会利益共同体的形

---

① 《马克思恩格斯全集》第 41 卷，人民出版社 1965 年版，第 393—396 页。

② ［美］贾恩弗朗哥·波齐：《国家：本质、发展与前景》，上海人民出版社 2007 年版，第16 页。

③ ［英］吉登斯：《民族—国家与暴力》，胡宗泽、赵力涛译，生活·读书·新知三联书店 1997 年版，第 147 页。

成，防止地方政府的自主性演化为极端的“地方主义”现象，然而，不可否认的是，中国的改革客观是一个国家建设、社会建设并存的过程，对地方政府行为的理解必须关注中央、地方政府和地方社会三个维度及其互动结构的变化。分权化改革以来，中国政治社会结构的变化，既包括了市场体制的确立、地方政府自主性的倾向成长，也内含着社会的再造。分权改革能得到广泛支持并顺利推行，其中一个重要原因，就是由于分权本身意味着一种特殊激励机制的形成。戴慕珍就认为，财政放权所带来的经济与政治诱因，是中国地方干部支持改革的一大动力。①

我们此处很难去更深入地捕捉地方政府自利性的流动，自利可以视为一种理性的行为。政府财政收益、官员物质福利的最大化，似乎是一个不证自明的行为理性动机，如果对于地方政府的组成人员的行为选择，经济理性尚可理解之外，对于具有晋升预期，同时面临更多纪律约束的地方政府领导来说，经济理性未必是更具决定性的倾向。在后面部分，我们会发现，地方政府的行为理性事实上由更复杂的面向所组成。恰恰需要提醒的是，经济增长、财政收入最大化等目标本身就处于中央政府目标设定与绩效考核的约束空间之内。换言之，地方政府对地方利益的维护，对地方经济发展为主要内容的地方利益的推进，并不是超脱于中央或上级政府的意志之外，这由晋升机制同经济增长率的“绑定”可见一斑。当然，所谓挑战更多的是晋升机制本身的激励能量，取决于地方政府领导者对晋升的可信预期。对大多数并没有此种预期的地方官员而言，晋升机制的作用便没那么明显。大部分地方干部出自地方，同地方社会也有天然的密切关联，这种利益共生格局形成了对党和国家渗透力的强大阻滞，苏慧文的“蜂窝化结构”正是这种状况的生动描述。而戴慕珍也指出，在垂直的官僚结构中，越远离中央的地方，操纵国家意志的空间越大。② 沃尔德则认为，随着市场经济的迅速发展，对许多

① Jean C. Oi, *Rural China Takes Off: Institutional Foundations of Economic Reform*, Berkeley: University of California Press, 1993, p. 15.

② Jean C. Oi, *State and Peasant in Contempory China: The Political Economy of Village Government*, Berkeley: University of California Press, 1989.

地方干部而言，市场带来的物质吸引力远大于充满不确定的政治晋升，因此，这些干部倾向于转向市场，充分运用政府发展经济的权力，同地方社会形成某种互惠性关联。[①]

在交流制度等具有明显约束性的层面，情况仍需综合考量。杨红伟的研究表明，中央政府虽然可以通过撤换和“交流”地方官员来加强约束，但也越来越感到这样做的难度在增加。在1978—1994年的294位省级领导人中，共有193位是原本就在本地任职的干部，共占总数的66%，而中央从别处派来的干部只占44%。而且越是财政贡献大的地区，中央越是难以协调，如对中央有财政贡献的地区，省委书记由本省干部直接升任的占74%，而依赖中央财政补贴的省份，由本省直接升任的则占60%；一些经济实力强、对中央财政贡献又大的地区，省委书记由本地干部直接升任的比例更大，如山东是100%，上海是85%，辽宁80%，江苏75%，浙江75%。另外在中央集权制下向来非常重视的官员“回避”制度，在改革以来也有所放松，本地人任本省领导的比例，平均达到40%。在1965年，只有34%的省委书记是本地人，而在1988年，则有41%的省委书记是本地人，73%的省委或省政府的主要领导人是本地人。而一些财政贡献较大的省份，本地人的比例则更大，如江苏的省委书记全部由本地人出任，省长中由本省直接升任者占70%，而且本地人占到30%左右。[②] 谢淑丽将中央委员会中地方名额的扩大，解释为改革领导层为了得到最广大的政治力量的支持，因而采取了给予地方领导以更大的政治权力的方式，她将这种现象视为地方势力崛起的重要标志。[③]

① Andrew. G. Walder, “The Quiet Revolution Within: Economic Reform as a Source of Political Decline”, in Andrew G. Walder, *The Waning of the Communist State: Economic Origins of Political Decline in China and Hungary*, Berkeley: University of Califonia Press, 1995, pp. 1－24.

② 转引自杨红伟《分散与重构：中央与地方权力关系的制度化研究》，博士学位论文，复旦大学，2007年，第86页。

③ Susan L. Shirk, *The Political Logic of Economic Reform in China* , Berkeley: University of California Press, 1993, p. 85.

以上的分析说明在改革开放时代，传统的中央集权形式作为约束和控制地方政府行为的手段，面临着越来越大的挑战。集权体制约束地方政府自主性的低效之处，在财政领域表现得尤为明显。

第四章

规范自主性：央地关系的制度变革

分权让利是20世纪80年代中共中央与地方关系变革的主要特征，但在本质上，它仍是集权体制的延续与自我调整。分权改革是在中央主导下展开的，中央政府缓解自身财政压力和推进市场化改革的意愿及发展目标使分权成为可能。就分权进程而言，地方政府仍然扮演着较为消极的角色。中央也根据现实情况的发展，主导着制度和政策的调整。同时，以人事控制为主要手段的政治集权，构成了对财政和行政分权的基本政治保障，在干部选拔和考核机制上，“忠诚—政绩”也成为了主导的价值标准。[①] 这种转变本身就反映着国家整体目标的变化——经济发展被中央确定为整个国家的工作重心。“四项基本原则”的政治底线，意味着党的认同是各级政府行为最高肯定和合法性依据，而根据“全党服从中央”的组织原则，体现在中央与地方关系层面，就是中央（更准确地说，党的最高权力核心）的认可是地方政府行为的合法性依据。

然而，在推行分权改革之后，地方政府在经济发展和社会治理中的角色已有了巨大的调整，地方政府利益主体的地位得以凸显，地方政府同地方社会之间的利益共生格局也日渐现形，其行为逻辑自然也发生了巨大变化。这种变化的最重要表现就是，自身及地方利益最大化成为地方政府行为逻辑的重要构成要素。中央与地方政府的关系客观上有从单

---

① 杨雪冬：《市场发育、社会生长和公共权力构建》，河南人民出版社2002年版，第148页。

纯的行政隶属关系向实力依赖关系演变的趋势。[①] 地方政府权力义务主体地位的逐渐确立，充分调动了地方政府发展经济的积极性、主动性，促进了地方经济的繁荣，也使中央与地方关系逐渐表现为双向主动。地方政府在分权中的主动性，突出表现是地方向中央要权。这表明地方政府成为一个能动追求自身利益表达和一致执行的主体。从经验层面而言，地方政府自主性的扩张，可以从20世纪80年代到90年代初的地方保护主义，以及后来的地方政府间的竞争中窥得端倪。[②] 本章将从财政关系的变迁开始探讨这一问题，进而揭示中央政府的回应机制：财政与行政领域的改革。

第一节 分权的意外后果

"分权"是改革的重要内容，其初衷如第二章所言，自然是为了中央政府为缓解自身治理压力、推进创新实验等目标的主动选择。制度变迁的闸门一经打开，变迁往往便超越发起者的原始目标，滋生出始料未及的后果。

一 财政包干与"弱中央"

1979年之前，"统收统支"是中央与地方财政关系的主要特征。在这种体制下，地方政府仅是财政收入的代收者，全部财政收入归国家所

① 王玉明：《中央与地方关系：演变与定位》，《岭南学刊》1998年第3期。

② 谢淑丽认为，财政分权激发了地方政府财政最大化的冲动，导致了相当严重的负面后果：（1）由通货膨胀、短缺和贸易赤字造成的经济过热；（2）地方保护主义分割了统一完整的国内市场；（3）地方政府在引进外资上的恶性竞争；（4）地方政府在企业管理上的过度干预和寻租行为。参见 Susan L. Shirk, *The Political Logic of Economic Reform in China*, Berkeley: University of California Press, 1993, p. 182.

有，中央政府还决定了地方政府的预算。地方政府自主决定的支出仅限于预算外的少量资金。中央允许地方政府将这部分资金留出来，不参与预算资金分配。在整个20世纪50年代，这笔预算外资金大致占整个预算资金的5%以下。中央再运用有力的再分享政策分配财政收入。财政资源的高度集中和再分配使20世纪80年代之前的财政体制与经济体制都带有鲜明的“大锅饭”性质。各个经济实力、发展水平不等的地方承担着不同的贡献责任，总体而言，财政收入水平越高，中央的财政收割也越大，例如上海通常要将征收收入的80%以上上交给中央。在此种财政安排下，地方政府严重缺乏增加收入、提高经济效率的激励。[①]

从1980年开始，中央与地方的财政关系发生着剧烈的变化。这一时期的财政体制被概括为“财政包干制”“财政承包制”或者“分灶吃饭”。财政包干制的基本制度逻辑是：每个省与中央一对一签订合同，合同五年一变，省保证提供一笔上缴金额（经济贫困省则是确定接受中央补贴的金额），按照约定逐年增加，其余的收入增量都由地方自己保留。具体说来，包干制首先明确中央固定收入与地方收入。前者包括关税以及中央直属国企的税收与利润上缴，除此外均属于地方收入。在此基础上，地方和中央再按照事前约定分享地方收入，地方留存的收入用以满足地方开支的需求。从实质上，这种体制模式意味着：地方政府获得了剩余索取权。

财政包干制的推行大大激发了地方政府促进自身及地方经济利益的冲动。有研究发现，下级政府在与中央的谈判过程中，形成了放水养鱼的财政包干与地方经济发展的基本逻辑，地方政府的利益主体意识逐渐明确起来。[②]一方面，地方政府通过各种经济发展方略，增加财政收入；另一方面，也力图通过将预算内收入转化为预算外收入等方式减少向中央政府上缴的比例。其后果便是中央与地方财力的失衡，失衡的重

---

① 傅勇：《中国式分权与地方政府行为》，复旦大学出版社2010年版，第97页。

② 张闫龙：《财政分权与省以下政府间关系的演变》，《社会学研究》2006年第5期。

要表现则是中央政府的财政衰弱。

财政衰弱又具体呈现为中央财政收入及支出在总收入支出中的比例偏低、中央财政收入及支出占 GDP 比例下降、国家预算内收入偏低、中央财政赤字的增加。

在 1979—1990 年，中央财政收入占总财政收入的比重，平均值为 31.86%，最高时也才达到 40.51%（1984 年），最低时只有 20.18%（1979 年）；而同期中央财政支出占总财政支出的比重，平均值为 44.39%，最高时达 54.96%（1980 年），最低时为 31.47%（1989 年）。[①] 在占 GDP 比例方面，1980 年中央财政收入占 GDP 比重为 4.64%。然后经历了短暂的上升，其最高值在 1986 年达到 8.99%，随后又不断下降，跌至 1993 年的 4.92%。同时，中央财政支出占 GDP 比重则一直呈下降趋势。1980 年中央财政支出占 GDP 比重为 14.4%，1985 年下降为不足 10%，1993 年下降为 5.67%。[②] 全国预算收入占国内生产总值的比重，从 1978 年的 30.9% 降至 1993 年的 14.7%。[③]

预算内财政收入不断下降的同时，则是预算外收支的不断膨胀。预算外资金是由各地区、各部门、各单位根据国家有关规定，自行提取、自行使用的，不纳入国家预算的资金。全国预算外财政资金的规模，从 1982 年的约 802 亿元激增至 1992 年的 3855 亿元，12 年间膨胀了近 4.9 倍，预算外资金占预算内资金的比例也不断上升，从 1978 年的约 30% 上升到 1992 年的约 110%。[④]

与中央财政收入不断下滑相对应的是中央财政赤字的逐年增加。在 1981 年，中央在平衡财政收支之后，尚能保有少量结余（约 51 亿元）。

---

① 楼继伟：《新中国 50 年财政统计》，经济科学出版社 2004 年版，第 48 页，第 157 页。

② 转引自杨红伟《分散与重构：中央与地方权力关系的制度化研究》，博士学位论文，复旦大学，2007 年，第 93 页。

③ 楼继伟：《新中国 50 年财政统计》，经济科学出版社 2004 年版，第 60 页。

④ 参见刘承礼《中央与地方财政关系的调整与地方政府行为的变化》，杨雪冬、赖海榕编《地方的复兴——地方治理改革 30 年》，社会科学文献出版社 2009 年版，第 202 页。

然而，随着放权让利的深入，财政赤字不断增加，到1992年约237.5亿元，占当年中央财政收入的3.78%。[①]

财政衰弱的实质是中央直接控制经济资源大大萎缩，也削弱了中央协调各地区发展的能力。郑永年称其为“中央权威的弱化”，地方各省随着经济实力的增强，开始不时挑战中央的财政政策。而中央增加税收的努力也时常受到来自富裕省份的抵制。[②]

二 地方保护主义与诸侯经济

前面已提及，财政分权的重要后果就是地方政府同地方利益关联度的增强，这种利益关联不仅在于地方政府财政收入对于地方经济发展的依赖，也在于地方官员可能因地方经济发展获取的政治收益。于是，对地方政府而言，以经济建设为中心在某种意义上便转化为以区域经济利益为中心。“剩余索取权”首先意味着地方政府需要积极提高地方政府财政能力，如此才能实现更多的财政盈余。提高财政能力的物质前提是扩大地方税基，税基的扩大依赖于地方经济的繁荣。

问题在于，在实行财政分权的同时，传统计划经济时代遗留下来的计划因素较多、政企不分的情况并没有得到根本的改变，地方政府对经济的广泛干预反而强化了“产权地方化”的格局，地方政府利益主体职能的强化导致了地方政府“诸侯经济”行为的产生和泛滥。[③] 有学者对此的形象总结是：“一是速度求快，越快越好。地方政府常常是层层加码，相互攀比。二是投资求大，越大越好。实现高经济增长率最重要

① 胡鞍钢、王绍光：《中国国家能力报告》，辽宁人民出版社1993年版，第115页。

② 参见郑永年《中国模式——经验与困局》，浙江人民出版社2010年版，第146页。

③ 关于“诸侯经济”的兴起过程，参见Andrew Wedman，“Bamboo Walls and Brick Ramparts：Uneven Development，Inter-Regional Economic Conflict，and Local Protectionism in China，1984—1991”，Ph. D dissertation，*University of California*，Los Angeles，1994，chap. 1.

的办法就是扩大投资规模。三是搞‘短平快’，急功近利。尤其偏重于那些花钱少、周期短、见效快的项目，偏重于加工制造业。”[①]

地方“诸侯经济”行为的主要表现是地方贸易保护主义和地区之间要求得到和使用资源的竞争。

地方保护主义表现在司法上立案上卡、管辖上争、审理上拖、裁判上偏、调解上压、执行上难等方法，为本地企业和当事人提供保护。有的保护落后企业，对资不抵债的企业实行输血政策，不予破产。一些地方政府自行制定优惠政策，使国家宏观经济运行受到影响，国有资产流失严重。[②]

例如，各地方政府竞相发展见效快的加工工业，搞“大而全”“小而全”的经济体系，进而导致地区间产业结构趋同化、地区间原有的互补性日趋衰减，造成国民经济投资结构失调和难以遏止的通货膨胀。在传统的高度集中的财政经济体制下地域分工格局中长期作为资源区的省份，竞相实施“资源就地转移战略”，对本地的所谓“空白”进行填平补齐，而在传统的高度集中财政经济体制下地域分工格局中长期作为加工区的省份，则不甘落后，或者迫于无奈，一方面竭力保持传统优势，抬价购买资源，进而引发了一场又一场“流通大战”如“羊毛大战”等，另一方面也尽其所能地完善自身的“结构缺陷”，自己搞原材料和动力，争上大项目，力争减少对其他地区的依赖程度。无论是“资源区”还是“加工区”，这样“填平补齐”的热情与干劲有增无减。其结果，从全国来看，必然是短缺者依然短缺，煤炭、电力、运输、邮电等依然严重不足，中央不得不承担大量的投资责任，进而加重了中央财政负担，部分商品积压严重，进而使工业生产滑坡，财政收入增长缓慢甚至锐减。[③]

---

① 沈立人：《地方政府的经济职能和经济行为》，上海远东出版社 1998 年版，第 117—119 页。

② 李治安：《中国五千年中央与地方关系》（下卷），人民出版社 2010 年版，第 1270 页。

③ 李俊生：《着力解决“诸侯经济”问题》，《财经研究》1991 年第 6 期。

杨光斌认为，20世纪80年代地方保护主义现象是中央政府改革中央地方关系的必然结果，“地方分权改革本来意味着激励地方政府追逐本地的利益。另外，随着中央向地方分权，地方政府也相应地承担了更多的国民经济与社会发展责任，其中仅就业一项就足以影响地方政府的投资行为……投资是缓解就业的基本手段”。[①] 而我们前面已提及的，地方政府的投资偏好与中央政府的政绩评判标准有着密切联系，“在中央对地方政府进行政绩考核时，主要看该地区产值、税利等指标增长的幅度，都注重于经济增长而非综合发展目标”。[②] 另外，地方政府的保护主义和过度投资行为，也符合地方民众提高收入水平、就业机会和福利的期望。如此看来，“地方保护主义”并非地方政府的非理性狂热。

而对于中央政府，形形色色的“诸侯经济”和地方保护主义现象正是地方政府自主性失范的重要表征。事实证明，作为权力下放的政治约束，人事控制等手段并不能完全有效抑制分权带来的负面效应，干部考核的政绩标准反而助长了这些负面效应的蔓延。从现实的角度，解决方案势必回到问题的始发点——财政体制。

三　制度缺陷与可信承诺

已有许多学者深入讨论了财政包干制度本身的缺陷，及其对中央财政衰弱现象的重要影响。如王绍光在分析中国政府汲取能力下降的体制根源时，曾论及中央与地方关系的制度安排的缺陷问题。他认为缺陷主要表现为：第一，中央地方间的资金流动虽然说起来有规则可依，但这些规则本身却很不清楚；第二，有关中央地方财政关系的规则缺乏宪法基础，使中央政府得以单方面改变“游戏规则”；第三，尽管中央拥有

① 杨光斌：《中国经济转型中的国家权力》，当代世界出版社2003年版，第119页。

② 同上。

广泛的自由裁量权，它却缺乏一个有效的机制来推行其财政政策。[1]

王绍光的论点事实上也隐含了央地双方在财政博弈时一个重要的问题——可信承诺。可信承诺理论来自于诺斯对于所谓国家悖论的解答。[2]诺斯等人以光荣革命为例，认为这场革命限制了国王的权力。但国王的权力让渡不但未削弱自身的财政能力，反而因为自身的可信承诺而赢得了公众和议会的信任。政府通过让渡自己的权力而在一定程度上捆住了自己的手脚，但这种自我约束不但没有降低反而极大地增强了自身财政能力，借款变得更容易了。诺斯和温格斯特的解释是，英国王室的权力让渡相当于向社会做出一种可信承诺，证明国王不可能再像以前那样出现赖账和食言的情形。诺斯和温格斯特的研究试图推衍出，一定的制度设计和制度安排是可信承诺的前提和基础。可信承诺的内在逻辑是权力主体在制度上的可限制性，从而具有一定政策稳定性，给予他者合理的预期。例如，在一个政策反复无常的环境下，企业家为了保护自身利益，会极力隐藏资源或将资源投入于更富于流动性的资产，其后果便是国家的财富汲取能力大大弱化。

以此视角来审视20世纪80年代的央地财政关系，可以发现这种可信承诺问题极为严重。马骏指出，中央依靠自身结构性的权力优势，可以借助政治集权工具，不断采取一些“间歇性”的管理措施，从而弥补由地方的财政偏离行为所造成的损失。这些“间歇性”行为主要包括：第一，定期与各省谈判，推翻以前的协议，重新确定地方上缴基数是中央经常采用的一种手段；第二，运动式监督，如各种财政税收大检查等；第三，直接或间接地将地方的财政资源转化为中央的收入，如不定期向各省区“借款”，要求地方在包干任务之外再“做贡献”，任意

① 王绍光：《中国政府汲取能力下降的体制根源》，《战略与管理》1997年第4期。

② 所谓国家悖论，意指国家的两重属性，“国家即是经济增长的关键，又是人为经济衰败的根源”。参见刘和旺《权力与可信承诺——诺斯的国家与经济绩效理论评析》，《教学与研究》2009年第4期。

将财政支出责任下放给省级地方政府，等等。[①]

这些方式的运用破坏了财政承诺的“可信度”，使地方政府无法对财政未来拥有稳定而合理的预期，事实上助长了地方政府财政上的机会主义行为。这种机会主义行为如所谓的“藏富于企业”，地方普遍向企业减税让利，地方用各种名目（从摊派到集资）再捞回来。[②] 还有诸如通过与国有企业直接谈判，让他们以上缴利润替代企业所得税，地方政府就把应与中央政府共享的税收收入划归本地预算外账户，大量的税收资源就此被转变为预算外资金。地方政府在通过预算外资金侵蚀中央税收方面，非常富于想象力，胆子也足够大。[③]

可信承诺的问题在根本上触及了20世纪80年代财政分权的要害，即分权的非制度化或弱制度化。

四　权威衰弱的政治忧思

中央财政的困窘及其引发的忧虑，体现在时任财政部部长刘仲藜意味深长的谈话中：“财政是国家行政能力、国家办事的能力。你没有财力，普及义务教育、救灾等，那就是空话。因此国家长治久安这句话写得是有深意的。几千年以来中国有些朝代是非常之乱的，比如说南北朝、五代十国时期，没有一个中央统一的政权，大家各自为王。”[④]

1993年，王绍光和胡鞍钢提出了“国家能力”这一概念，意指国家（中央政府）将自己的意志、目标转化为现实的能力。国家能力包括四种：汲取财政能力、宏观调控能力、合法化能力以及强制能力。其中国家汲取财政能力是最重要的国家能力，也是实现其他国家能力的基

---

① Jun Ma, *Inter-governmental Relations and Economic Management in China*, New York: St. Martin's Press, 1997, pp. 13 - 19.

② 薛暮桥：《论中国经济体制改革》，天津人民出版社1990年版，第423页。

③ ［美］罗伊·鲍尔：《中国的财政政策》，中国税务出版社2000年版，第57页。

④ 转引自周飞舟《以利为利——财政关系与地方政府行为》，上海三联书店2012年版，第51页。

础。国家能力对一国工业化进程产生着深刻影响。一个国家的经济越落后，工业化起步越晚，国家在工业化过程中所发挥的作用就越大。因此，对于各国来讲，提高国家能力特别是提高国家汲取财政能力，也就成为最重要的国家能力，它是实现其他各项国家能力的基础。[①]

在国家能力的议题上，迈克尔·曼曾区分了国家权力的两种类型，一种是专制权力（despotic power），一种是基础权力（infrastructural power）。[②]前者指国家精英可以不经过与市民社会常规、制度化的协商妥协而单独采取一系列行动的权力，它是一种国家精英凌驾于市民社会之上的权力；后者指国家实际渗透到市民社会、在其统治的疆域内执行决定的能力，它是一种国家通过其基础结构（infrastructure）渗透和集中协调市民社会活动的权力。现代国家在权力运作方面的重要特征，就在于拥有更多的"基础权力"，从而使国家权力更能有效渗透至下层，进而有效地提取资源。"基础权力"的核心，体现在国家与其他权力及权力主体之间形成制度化的协商和谈判机制，来执行它的政治决定。[③]

在中央与地方之间尚未经由谈判、协商形成具有实际相互约束力的稳定规则的前提下，党的自上而下组织规训与政治集权构成了地方控制的主要方式，然而这种规训方式在财政包干制下的效果似乎并不理想。从这个角度上讲，中央的财政衰退可以从根本上理解为由基础权力缺乏而带来的统治危机。[④]

王绍光指出，执政党内部和国家机器内部的具有自我利益、自我意

---

① 参见王绍光、胡鞍钢《中国国家能力报告》，辽宁人民出版社 1993 年版。

② 基础权力与专制权力的译法，出自陈海宏等人的译文，见［英］迈克尔·曼《社会权力的来源》（第二卷·上），陈海宏等译，上海人民出版社 2007 年版，第 68 页。

③ 参见 Michael Man.，"The Autonomous Power of the State：Its origins，Mechanisms and Results"，in John A Hall ed，*State in History*，Basil Blackwell Ltd.，1986。关于国家能力问题的讨论，亦可参见李剑《转变中的强国家》，《国外理论动态》2014 年第 3 期。

④ 杨红伟：《分散与重构：中央与地方权力关系的制度化研究》，博士学位论文，复旦大学，2007 年，第 110 页。

识、自治权力的某些地方政府，特别是省级政府，是唯一足以能够挑战执政党统治的力量。如果单凭集中的政治、行政手段，而不是依靠健全的制度和稳定的财政关系，是无法阻止和改变国家能力继续下降的态势的。庞大的国家机器内部的相互冲突，经济、政治权力的分散化及多元化，严重削弱了国家能力。国家能力迅速下降，反过来又加速了中国经济、政治的多元化，这种循环会成为未来中国发展的重要隐患。①

改革开放以来，地方分权改革的重要特征是“以点带面”的地区倾斜式分权策略，经济特区、沿海开放城市的设置便是其理。② 然而，财政包干意味着各地区相对经济独立，各地区在不同的资源禀赋和政策供给背景之下，出现了日趋拉大的地区差异。作为国家资源再分配的主体，中央政府的财政衰弱显然会削弱中央运用转移支付等手段，进行全国一盘棋式的资源调控与布局的能力，亦即中央政府的宏观调控能力与再分配能力。

地方政府的财政自主性是在一个暧昧的非制度化空间中成长起来的。如前所述，地方政府同中央政府进行财政博弈的主要方式之一，就是通过将财政资源转化为预算外和体制外收入。预算外收入为腐败的加剧创造了广阔的空间。胡鞍钢即认为，改革开放以来的财政体制刺激了各类国家机构进行经商创收，争取预算外和体制外收入，不啻人为地创造了腐败机制，也孕育出各种既得利益的官僚利益集团。③ 而腐败，已是目前侵蚀政权合法性的头号大敌。

经济与政治的新形势，使中央领导层产生了深刻的忧患意识。正是基于此，中央领导核心 1989 年以后再次重申了中央权威的问题。改革要成功，就必须有领导有秩序，党中央和国务院必须有权威，否则难以控制局势。陈云批评“各路诸侯太多，议而不决，决而不行，各自为政”的现象存在，严厉抨击了各地违背中央政策的行为，要求各地各部

---

① 王绍光：《中国国家能力报告》，辽宁人民出版社 1993 年版，第 121 页。

② 周黎安：《转型中的地方政府——官员激励与治理》，格致出版社 2008 年版，第178 页。

③ 胡鞍钢：《中国：挑战腐败》，浙江人民出版社 2001 年版，第 21—22 页。

门必须坚决执行中央制定的措施。中央权威的存在被认为是解决地区平衡的关键，即沿海地区先发展是一个大局，内地要顾大局；反过来，到了一定阶段，沿海必须拿出更多力量帮助内地发展，服从大局，如果“各顾各，相互打架，相互拆台”，就无法统一。“谁能统一，中央”![1]

财政分权在某种程度上改变了中央与地方的权力格局，造就了中央与地方政府利益取向的分化，这种情况下，运用传统的政治集权方式（专制权力）已经不再如过去那样能有效地约束地方政府的自主行为。而财政体制的诸多缺陷，也表明地方财政自主性的驯化，财政体制的改革已迫在眉睫，通过制度建构，强化中央的基础权力，在一个更稳固的基础上保证国家能力的提升。

第二节　财税制度的变革

1994 年的分税制改革，被视为新中国建立以来最重要的财政和税收制度改革之一。其初衷既是为了扭转财政包干制下中央财政收入占全部财政收入比例持续下降的趋势，也指向了传统税制的一些弊端，如税制过于繁杂，地方任意使用免税政策等。因此，广义而言，分税制改革包括两个方面内容：一个是对税种进行重新划分调整的税制改革，另一个是财政体制的改革，即中央和地方重新划分和调整财权与事权。[2]

为了解决财政包干制带来的问题，中央政府从 20 世纪 80 年代中期便开始寻求对财政体制的改革。在 1986 年前后，中央决策者曾决定在第二步利改税的基础上，直接推行分税制，但地方政府成功地抵制了财

---

① 李治安：《中国五千年中央与地方关系》（下卷），人民出版社 2010 年版，第1262 页。

② 周飞舟：《以利为利——财政关系与地方政府行为》，上海三联书店 2012 年版，第52 页。

政改革的尝试，分税制的实行一直拖延到1993年。[①]

许多学者认为，1994年的分税制，实质上是中央在财政领域里的再集权化（recentralization）。[②] 周飞舟认为，分税制毫无疑问是中央推动的财政集权改革，即是将大量的地方财政收入集中于中央，是将税收权力和安排支出责任的权力集中到了中央。[③] 分税制财政体制改革是中央与地方两级按照所谓“存量不动、增量调整，逐步提高中央的宏观调控能力，建立合理的财政分配机制”的原则进行的，基本内容是在原包干体制的地方上解和中央补助基本不变的情况下，实行“三分一返”：划分税收收入、划分财政支出、分设税务机构、中央对地方实行税收返还利转移支付制度。它的主要内容包括以下几个方面。

以税种划分中央与地方的财政收入。税收被划分为中央地方税和中央共享税。中央与地方税收收入的划分是：中央固定收入包括关税，海关代征消费税和增值税，消费税，中央企业所得税，地方银行和外资银行及非银行金融企业所得税，铁道部门、各银行总行、各保险总公司等集中交纳的收入（包括营业税、所得税、利润和城市维护建设税），中央企业上交的利润等。地方固定收入包括营业税（不含铁道部门、各银行总行、各保险总公司集中交纳的营业税），地方企业所得税（不含上述地方银行和外资银行及非银行金融企业所得税），地方企业上缴利润、个人所得税，城镇土地使用税，固定资产投资入向调节税，城市维护建设税（不含铁道部门、各银行总行、各保险公司集中交纳的部分），房产税，车船使用税，印花税，屠宰税，农牧业税，对农业特产收入征收

---

① 关于前两次分税制动议无疾而终的原因，杨红伟的论文对此有相当详细的论述。杨认为这并非因为中央权威的不足，毋宁说是中央领导人经过深思熟虑的成本收益分析的结果和财政危机的程度所决定的。参见杨红伟《分散与重构：中央与地方权力关系的制度化研究》，博士学位论文，复旦大学，2007年，第4章。

② Ehtishamahmad, Li Keping and Thomas Richardson, “Recentralization in China?”, Paper for Conference on Fiscal Decentralization, 2000, http: //www. imf. org/external/pubs/ft/seminar/2000/fiscal/index. htm.

③ 周飞舟：《以利为利——财政关系与地方政府行为》，上海三联书店2012年版，第52页。

的农业税（简称农业特产税），耕地占用税，契税，遗产和赠与税，土地增值税，国有土地有偿使用收入等。中央与地方共享收入，包括增值税、资源税、证券交易税等。中央与地方的支出范围，根据国发〔1993〕85 号文件《国务院关于实行分税制财政体制的决定》，中央财政主要承担国家安全、外交和中央国家机关运转所需经费，调整国民经济结构、协调地区发展、实施宏观调控所必需的支出以及由中央直接管理的事业发展支出，地方财政主要承担本地区政权机关运转所需支出以及本地区经济、事业发展所需支出。

分设税务机构，对税收进行分级征管。这是指建立中央和地方两套税务机构分别征税，国家税务局负责征收中央级固定收入和共享收入，地方税务局负责征收地方级固定收入。共享税中的地方分享部门由国税局直接划入地方金库。

划分中央与地方的是事权和支出范围。1994 年分税制改革对中央与地方的支出范围进行了初步划分，规定地方财政主要承担本地区政权机关运转所需支出以及本地区经济、事业发展所需支出，地方公检法支出，部分武警经费、民兵事业费，地方统筹的基本建设投资，地方企业的技术改造，城市维护和建设费用，地方科教文卫工作，等等。中央财政则主要负责国家安全、外交和中央国家机关运转所需费用，中央直接管理的事业发展支出，中央统管的基本建设投资，等等。[①] 这种划分以一种粗略的形式延续了传统的政府职责划分格局。

建立中央对地方的税收返还制度，这种返还制度的特征就是，将中央税收返还与上划收入挂起钩来，促使地方关心和支持上划收入的增长，贡献大的地方中央税收返还多，贡献小的地方中央税收返还少，这是税收返还制度内设的一个旨在“促进地方为中央税收多做贡献”的激励机制。

分税制改革之所以被视为“集权”运动的重要理由，既在于其制度内容本身，也在其后的制度实践结果。分税制改革的动机便旨在提高两

---

① 周黎安：《转型中的地方政府——官员激励与治理》，格致出版社 2008 年版，第 175 页。

个比重，即财政收入占 GDP 的比重和中央政府财政收入占总财政收入的比重，明确的目标是要将中央财政的比重从 40% 提高到 60%，将增长潜力最大的增值税 75% 划归中央政府。这一改革扭转了中央财政较弱的局面，形成了“财力层层向上集中的趋势”。[①] 层层向上集中，首先就表现为财力从地方向中央的集中，中央财政收入的比重显著提高，1994 年中央财政收入以 203.5% 的速度增长，而同期的地方财政却出现了 31.8% 的负增长，中央财政收入占财政收入总额的比重由 1993 年的 22.02% 上升到 1994 年的 55.70%，而地方政府的财政收入占财政收入总额的比重由 1993 年的 78.98% 下降到了 1994 年的 44.3%。[②] 中央财力集中的同时，省、市的财力也在集中，形成了层层集中的局面。另外，地方政府的财政收入占整个财政收入的比重逐年下降，从 1993 年的 78% 下降到 2001 年的 47.60%；中央政府的财政收入占整个财政收入的比重却明显上升，从 1993 年的 22% 上升到 2001 年的 52.40%。而地方政府的财政支出占整个财政支出的比重却没有相应地变化，一直在 70% 的水平上下波动。说明分税制在明显提高中央政府财政收入的同时，给地方政府带来了一定的事权与财权不统一、收支不平衡的问题。[③] “分税制改革后，中央、省、市将财力层层向上集中，按理应相应地将一些职能和责任上收。但实际上却是在财力集中的同时，职能和责任的不断下放。”[④]

这种浓厚集权色彩的改革一开始自然会带来地方不同程度的抵制。1993 年 9—11 月，时任国务院副总理的朱镕基与财政部及相关部门领导相继走访了 17 个省、自治区，就分税制与地方“讨价还价”。在抵制情绪最明显的广东，朱镕基甚至苦口婆心地说：“如果不适当地集中中央财

---

① 周天勇等：《中国政治体制改革》，中国水利水电出版社 2004 年版，第 72 页。

② 辛波：《政府间财政能力配置问题的研究》，中国经济出版社 2005 年版，第 97 页。

③ 张光荣：《分税制后地方财政的失衡及对策》，《湖南经济研究》2002 年第 10 期。

④ 周天勇等：《中国政治体制改革》，中国水利水电出版社 2004 年版，第 73 页。

政收入，加强中央财力，日子就过不下去，最终全国都要受害……我的意思是从包干制改为分税制后，中央从广东拿走的财政收入不会超过1992年这个比例关系。因此，这不会影响广东的发展。”[①] 面对中央政府的坚决态度，数月时间里，地方政府相继表态认可。中央的绝对权威自然无疑，但其中也与中央的相应妥协机制相关，如税收返还基数以1993年为准。[②]

分税制体现着中央政府将权力下放后释放出的地方政府自主性纳入有序的制度化轨道的努力，以一种制度化的方式，确保地方财政自主性不至于危及中央的权威和宏观调控能力。中央政府财政收入的增加，表明这一目标至少得到了部分的实现。

第三节 行政体制的调整

第二章里提到，伴随着经济领域的“放权让利”，改革初期中央也有意识地下放某些决策权，使地方可以运用自身的机制增加必要的资金，包括医疗、教育、卫生、金融等领域的行政管理权也有所下放。[③] 学者们注意到，行政分权同样也带来了地方与中央的冲突，降低了中央对地方社会生活的干预，导致地方对中央政策的选择性执行。[④]

20世纪90年代末期开始，中国的整体行政体制结构的演进也出现了

---

① 朱镕基：《分税制将会促进广东的发展（1993年9月16日）》，《朱镕基讲话实录》第一卷，人民出版社2011年版，第357—366页。

② 参见周飞舟《以利为利——财政关系与地方政府行为》，上海三联书店2012年版，第56—59页。

③ ［美］托尼·赛奇：《盲人摸象：中国地方政府分析》，《经济社会体制比较》2006年第4期。

④ Vivian Shue, “State sprawl: The Regulatory State and Social Life in a Small Chinese City,” in *Urban Spaces in Contemporary China: The Potential for Autonomy and Community in Post-Mao China*, eds. D. S. Davis, R. Kraus, B. Naughton, E. Perry, Woodraw Wison Press, 1995, pp. 90 – 112.

重新集权化的趋向。行政集权的趋势集中表现在中央对银行金融、医药卫生、土地管理等多个领域的监管体制改革上。[①] 其主要内容一方面是强化中央职能部门的垂直管理，分割地方政府的权力范围，以减少地方政府对中央重要职能和政令贯彻的抵制和干涉；另一方面则是构建新的制度化或非制度化的“条”强化对地方政府的监督。

鉴于1992—1993年中国金融秩序的混乱，中央在1997年决定对中央银行及其商业银行实行垂直管理，地方政府对金融系统的干预权力被抑制。1998年，中国人民银行的省级分行被撤销，实行了跨行政区的大区管理体制，使中央的货币政策得以摆脱地方政府过多的行政干预，从而避免因地方政府直接影响银行信贷量导致的经济过热和通货膨胀。此后，银监会、证监会、保监会等机构也相继采用了垂直管理的模式。

为了打破地方保护主义，为市场竞争提供一个公平的环境，1998年，国家决定对省以下工商行政管理机关实行垂直管理；在经费方面，省级工商行政管理局按照收支两条线的原则，对省区范围内的工商管理系统的财务经费实行统一管理，省级以下工商行政管理机构实行人事、组织、经费等垂直领导。

2006年，国家开始对省以下土地部门实行垂直管理，将省以下的土地审批权限、国土部门的人事权限统一集中到省级国土部门。在原有国土资源分级管理体制下，土地规划、土地审批、土地出让金收取等权力实际上属于地方政府。2003年上半年，全国各地土地违法行为超过10万起，其中绝大部分属于地方政府行为。90年代初开始实施的土地有偿使用制度在相当程度上是将土地的各项权力交给了地方政府，各级地方政府都有了各自的批地限额。土地管理垂直到省，将市、县、乡的土地审批权力悉数上收，旨在抑制长时间以来市、县、乡各级的擅自审批、越权审批的乱批土地行为。

在公安管理体制方面，2003年中共中央出台了《关于进一步加强和改进公安工作的决定》，要求尽快理顺城市公安分局和基层派出所的管理

① 樊鹏、汪卫华、王绍光：《改革时期的公安分权与集权》，《北京大学中国与世界研究中心研究报告》2008年第7期。

体制，各省相继出台了具体实施措施，这些措施大多以强化条条领导为主要内容。以山东为例，2004 年山东改革基层派出所管理条例，规定城市公安分局和派出所垂直到市级公安机关管理。2004 年，公安部印发《公安部关于进一步加强公安派出所建设的意见》的通知，对派出所建设进行标准化要求，并设立公安部装备财务局对基层公安派出所硬件建设进行直接的指导干预。此外，公安系统开始加强基层治安信息统计管理监管，建立独立、垂直完整的纪检监察监督机构体系，强化警权约束机制。①

根据中国共产党的十六大报告和 2003 年 2 月胡锦涛在中央纪律检查委员会第二次全会上关于“改革和完善党的纪律检查体制，建立和完善巡视制度”的要求，2003 年 8 月，中共中央、国务院正式批准中央纪委、中央组织部关于设立专门巡视机构的请示，随即组建了中央纪委、中央组织部巡视工作办公室和五个巡视组。通过巡视制度的建立与完善，中央力图克服现有地方治理结构对地方党政中、高级干部，特别是对“一把手”监督普遍薄弱、甚至处于虚化状态的弊病，弥补国家监督制度的缺失。

在财政、行政领域所进行的一系列改革，从其现实动因而言，是中央政府对其地方代理人失范行为的直接回应，借助对地方政府财政资源和行政资源的控制，对地方政府的自主性空间施以新的规约形式。然而，对地方政府自主性的规范并不能遏制它们追求自身利益与地方利益的根本冲动，甚至可以说在某种程度上对认可这些利益天然就是新时代央地关系的正常节奏，是改革开放时代经济发展与社会治理策略的一部分。这种逻辑一经形成，便会在全新的制度背景下重新寻找其实现的方式与道路。

---

① 参见樊鹏、汪卫华、王绍光《改革时期的公安分权与集权》，《北京大学中国与世界研究中心研究报告》，2008 年第 7 期。

第五章

地方政府自主性的异变

以财政、行政分权为主体的权力下放激发了地方政府发展经济的积极性和主动性，也促成了地方政府自利意识的觉醒和地方政府的自主性不断扩张。地方政府自主性是制度结构变化的直接结果，自主性的逻辑演进却又不断地挑战着既定的制度结构，推动制度的变革，从财政包干制及其引发的问题，再到分税制的确立，便可见制度结构变迁与地方政府自主性的这一互动关系。地方政府面临的制度环境，主要是中央与地方关系的制度结构，主要包括了人事控制为中心的政治集权结构、资源配置的财政制度等，构成了地方政府行为的基本激励和约束机制，是我们理解改革以来地方政府自主性空间及其特性的核心变量。制度环境的变动不居，从根本上是由经济建设为中心、市场化和现代化的国家发展战略所引领的。现代化和市场化的迫切需求不仅表现为经济体制的改革，同样也渗透于相对稳定的政治集权结构中，重新塑造了干部选拔任用体制、干部考核体制等，由此形成了地方政府的基本运行机制——政绩压力型体制。[①] 本章所要探讨的就是这一地方政府基本运行机制的由来及其对地方政府自主性空间的影响，进而结合着财政制度安排的变化，解释当前地方政府行为中一个重要现象——土地财政及与之相关的政策倾向的根源。

---

① 杨雪冬：《市场发育、社会成长和公共权力构建——以县为微观分析单位》，河南人民出版社 2002 年版，第 95 页。

第一节　政绩压力型体制的机理

中国的现代化是一个在内外交困的情境下展开的自强运动。西方中国研究学派的“冲击—回应模式”虽不无偏颇，但却道出了中国现代化的被动性逻辑。问题在于，在中国走向现代化的时候，与早发现代化国家已形成了显著的发展差距，外部的竞争压力带来的生存危机感和内部重新改造社会、改善公众物质生活的急迫性，决定了中国这样一个后发现代化国家，只能走赶超型现代化发展的道路。赶超型发展战略的一个实质问题就在于，现代化的社会变迁过程不是一个现代性因素自发性地积累和演变的历程。换言之，因为现代化建设是在经济、政治、社会、文化的变迁条件并不完全具备或成熟的条件下展开的，推进现代化变迁的其他社会力量并未发育成熟，那么国家出场、借助于国家力量和国家方式来强行启动和推进就成为唯一的选择，国家机器充当着现代化的推动者和组织者的角色。这种局面，事实上几乎共存于所有的后发现代化国家中，“国家引导发展”[①] 与其说是一种经过深思熟虑、悉心规划的发展模式，倒不如说是客观条件决定的不得已而为之。[②] 在以高度集中的计划经济体制和中央高度集权为标志的单命式现代化模式陷入困境后，“国家引导发展”的基本逻辑并未改变，而是以基本导向的转换——市场化为特征。权力下放，扩大地方政府在经济社会领域的施政自主性，成了中央政府为更好更快地实现赶超型现代化战略而做出的新选择。同时，这也意味着现代化和市场化的需求交织在一起，相互强化所形成的压力，不仅涉及诸多领域，而且渗透到地方各个层次，进而言之，中央政府对地方政府的权力下放伴随着中央

---

① ［美］阿图尔·科利：《国家引导的发展——全球边缘地区的政治权力与工业化》，朱天飚、黄琪轩、刘骥译，吉林出版集团有限责任公司 2007 年版。

② 陈明明：《在革命与现代化之间》，载陈明明编《革命后社会的政治与现代化》，上海人民出版社 2002 年版，第 243 页。

对地方的责任、职能下放，如此便形成中央与地方之间以经济发展为核心的委托—代理关系。周黎安曾指出，中国的政府间关系与韦伯意义上的科层官僚制的关键差异便在于以属地化管理为基础的行政逐级发包制①。行政逐级发包制的实质便是，中央政府与地方各级政府之间将政府功能职责整体打包下放而形成的特定委托—代理关系。这种关系在结构上的体现便是各级政府间权责呈现的“同质化”的状态，即“上下对口、职责同构”②，除了少数事权如外交、国防等部门主要属于中央政府外，地方政府拥有的事权几乎全是中央政府事权的延伸、细化甚至翻版。

值得注意的是，正是因为这种整体性的行政发包模式，暗示了地方政府的行为具有“小中央”的特性，地方政府类似于权力和责任上的“全能主义政府”。这样一来地方政府承担的代理使命是复杂和多元的，便于中央政府对地方政府更为全面地监控，因而衍生出中央监控代理人的特殊性问题：如何进行全方位的控制？在现代化与经济发展的沉重压力下，这一问题又滋生出另一面向：如何对地方政府进行有效的激励？

柯武刚和史漫飞曾将委托人调动代理人积极性的动力机制分为三种：一是在一定的激励下，代理人能出于团结的考虑而将委托人的目标作为自己的目标；二是可以用直接监管和强制命令的办法来控制代理人；三是代理人能遵守一般规则，这些规则创造出激励，使代理人出于其自身利益的考虑而追求委托人的利益。③ 在自下而上的民主政治体制还处于艰难的探索过程之中，各级政府对下负责的政治责任机制和压力机制尚不够健全的政治条件下，中国政治体制的运行，发展出了一种自上而下的驱动机制，即所谓“压力型体制”。④

① 周黎安：《转型中的地方政府——官员激励与治理》，格致出版社2008年版，第54页。

② 朱光磊：《职责同构批判》，《北京大学学报》（哲学社会科学版）2005年第1期。

③ ［德］柯武刚、史漫飞：《制度经济学》，商务印书馆2000年版，第79页。

④ 荣敬本等：《从压力型体制向民主合作体制的转变》，中央编译出版社1998年版，第7页。

压力型体制是在现代化和市场化的双重压力下出现的，是以“赶超”为目标的传统动员体制的延伸，它将经济上的承包责任机制引入了政治生活，是一套把行政命令与物质利益刺激结合起来的机制组合①，它主要由三个机制构成：一是将任务进行量化分解。党委政府将自上而下设定的发展目标和任务进行量化分解，通过签订责任状的形式层层下派到下级组织和个人，并限时完成；二是整合各部门的资源以实现共同目标。各部门的工作围绕党委、政府的工作计划和工作重点进行安排，并随时从各部门抽调人员或者整个部门一起行动，完成来自上级的临时性任务或工作；三是运用物质手段进行奖励并辅之以相应的惩罚措施。对完成指标任务的组织和个人，除了采用授予荣誉称号等传统的精神奖励之外，还增加了包括提级、提资、提拔、奖金等物质奖励。而一些重要任务如没有达标，就视其全年工作成绩为零，不能获得任何先进称号和奖励，此即所谓“一票否决”。②

在某种意义上，压力型体制是分权时期中央政府控制各级代理机构的一种特殊机制。“在中央政府与地方政府之间的链式委托代理关系中，中央政府由于无法充分掌握地方政府的行为信息，不可能建立起一种对各级政府行为进行全方面监控的有效机制，只能将其简化为一种刚性的任务分解机制。”③ 层层制定的岗位目标责任建立起了对各级地方政府的行为约束。换言之，在压力体制下地方政府自主性的限定条件是：中央政府通过设定基本的施政目标，对地方政府的自主行为方向进行最低限度的规约。④ 压力型体制的中央控制属性还体现为，中央政府在目标设定上的随机性、多样性，例如地方政府政绩考核标准的多样化，使中

① 杨雪冬：《市场发育、社会成长和公共权力构建——以县为微观分析单位》，河南人民出版社 2002 年版，第 107 页。

② 何显明：《市场化进程中的地方政府行为逻辑》，人民出版社 2008 年版，第 209 页。

③ 同上书，第 215 页。

④ Edin Maria, “Remaking the Communist Party-State: The Cadre Responsibility System at the Local Level in China”, edited by Kjeld Erik Brqdsgaard & Zheng Yongnian, *Bring the Party Back in*, Singapore: Eastern University Press, 2004, p. 182.

央政府可以有相当施加“选择性压力”的余地，当信访、农民负担等问题加剧，中央政府可以随时将这些指标纳入干部考核中。①

时至20世纪90年代，压力型体制的运行日益明显化。杨雪冬通过对中国东部、中部及西部几个县的比较研究发现，1992年后的党代会和人代会文件上，“加温加压”“驱动发展”“跳跃发展”“超常发展”等字眼频繁出现，这也正反映了邓小平“南方谈话”后，全国经济发展的加速以及地方政府发展危机意识的增强。②

第三章所述的干部管理体制与压力型体制的运行间形成了极为密切的联动关系，是压力型体制得以有效运转的基础。“链式的选拔任用体系与链式的政府间委托代理关系，以及压力型体制任务的层层分解体系形成了紧密的内在契合。……上级政府牢牢地控制着地方下级政府主要官员的任用，并以职务提升作为最有效的激励机制与约束机制，诱导下级政府努力完成下达的各种任务指标。”③

压力型体制从本质上就是一种充满弹性的激励和约束机制，中央或上级政府通过考核指标的多样化，可以选择性地施加压力，督促地方政府实现自己的优先或偏好的政策目标，而地方政府也因此可以根据中央或上级政府压力的大小，选择性地履行政策目标。正如唐皇凤所说：“在政治承包制下，地方政府缺乏发展动力，地方政府领导人围绕政治考核的核心指标，基本无法顾及更多、更宽广的社会问题的解决，只有列入政策议程和上级考核指标的事件才是他们所重视的，而对迫切的社会现实需求反而置之不顾。”④ 压力型体制的运作体现着地方政府本身

---

① 参见 Maria Edin，“State Capacity and Local Agent Control in China：CCP Cadre Management from a Township Perspective”，*The China Quarterly*，No. 173，March 2003，pp. 35 – 52。

② 杨雪冬：《市场发育、社会成长和公共权力构建——以县为微观分析单位》，河南人民出版社2002年版，第109页。

③ 何显明：《市场化进程中的地方政府行为逻辑》，人民出版社2008年版，第215页。

④ 唐皇凤：《社会转型与组织化调控》，武汉大学出版社2008年版，第258页。

的暧昧性质。组织性的集权手段、组织的内部压力，而不是正式的国家制度、法律规范所赋予地方政府的职能，才是激励和约束地方政府行为的主要力量。李连江和欧博文所观察到的“选择性政策执行”现象也是这一逻辑的反映，它并不意味着地方政府自主性已经失去了约束，倒不如说它是一种“控制、激励与自主”的奇特组合。就此而言，压力型体制是中央集权体制在新的发展战略之下，拓生出的一种全新政务运行模式，改革开放时代地方政府自主性的诸多特质必须放置于此种背景下方能得以理解。

第二节　政绩约束下的地方政府自主性

如前所述，20 世纪 90 年代以来，中国政府体制的政绩压力色彩日渐浓厚，其根本特点是通过自上而下的政绩压力，由上级政府给下级政府下达经济社会发展硬性指标，并根据指标的完成情况给予不同奖惩待遇。改革开放以后，压力型体制中的干部考核机制演变发展的一个基本趋势，就是逐步强化了与经济建设和现代建设紧密相关的政绩考核，并且将这种考核结果同干部的职务晋升越来越直接地挂钩起来。[①]

从 20 世纪 80 年代后期开始，政绩在干部考核中的位置变得更加显著。1989 年 5 月邓小平明确指出：“现在就是要选人民公认是坚持改革开放路线并有政绩的人，大胆地放进新的领导机构里，使人民感到我们真心诚意搞改革开放。”[②] 1988 年、1989 年中组部先后颁布了《县（市、区）党政干部年度考核方案》《地方政府工作部门领导干部年度工作考核方案》，明确制定了干部政绩考核的量化指标体系，考核的内容涉及 18 项量化指标，主要包括：国民生产总值，工业生产总值、农

① 杨雪冬：《市场发育、社会生长和公共权力建构》，河南人民出版社 2002 年版，第 148 页。

② 《邓小平文选》第 3 卷，人民出版社 1993 年版，第 380—381 页。

业生产总值、乡镇企业生产总值，人均国民收入、农村人均收入，上缴利税，财政收入国营和集体企业的劳动生产率，农副产品收购，商业零售总额，基础设施投资，人口自然增长率，粮食产量，地方预算收入，地方预算支出，育林面积以及九年义务教育完成率。20 世纪 90 年代以来，政绩考核标准更加规范和系统。1995 年 5 月的《党政领导干部选拔任用工作暂行条例》中规定：选拔任用领导干部必须坚持“群众公认、注重实绩的原则”，具体而言，就是要“坚决执行党的基本路线和各项方针、政策，立志改革开放，献身现代化事业，在社会主义建设中艰苦创业，开拓创新，做出实绩；坚持实事求是，认真调查研究，能够把党的方针、政策同本地区、本部门的实际相结合，讲实话，办实事，求实效，反对形式主义”。1998 年 5 月中组部的《党政领导干部考核工作暂行规定》中明确界定了“工作实绩”的内容，对领导班子而言即“在经济建设、社会发展和精神文明建设、党的建设等方面所取得的成绩和效果，在推进改革、维护稳定方面取得的成绩和效果”。对地方县以上党委、政府领导班子的工作实绩内容则包括：“各项经济工作指标的完成情况，经济发展的速度、效益与后劲，以及财政收入增长幅度和人民生活水平提高的程度；教育、科技、文化、卫生、体育事业的发展，环境与生态保护、人口与计划生育、社会治安综合治理等状况；党的思想、组织、作风、制度建设的成效等。”对领导干部工作实绩考核内容，主要包括“在完成任期目标和履行岗位职责过程中所提出的工作思路、采取的措施、发挥的具体作用以及所取得的绩效等”。[①] 在这一制度下，中央政府通过工作指标及绩效标准的设定，向地方政府传递了强有力的信号，约束着地方政府的工作偏好，也提供着地方政府工作实绩的明确信息。

对于地方政府而言，政绩考核机制的标准化意味着地方政府官员能对自身的行为后果进行更稳定的预期。只要在任上，显示出足够显著的政绩，便能为政治前途奠定更坚实的基础。此时，地方政府及其官员的

① 参见何显明《市场化进程中的地方政府行为逻辑》，人民出版社 2008 年版，第220 页。

最大难题变成了：如何最快最有效地显示政绩及个体的施政能力？要展示的是何种政绩？

我们会发现，地方政府的政绩显示活动受制于以下三种因素：任期限制、职能的多样、治理资源的可获得性。

在任期限制方面，周雪光指出："政府官员关心的是他们在任期间的短期政绩，因为这是影响一个人职业生涯最为关键的因素；而对短期政绩的追求是导致突破预算约束的激励机制。"[①] 中国地方政府官员的任期具有明显的时效性，任何人都不可能终生在同一地区任职，因此官员实现政绩的行为显然是有时限约束的。此外，在改革开放以来科层体系规范化的进程中，不同级别的领导岗位的年龄上限都逐渐有了较为明确的规定，如35岁以上的不能再提拔进入乡镇党政领导班子，40岁以上的基本不再提拔进入县级党政领导班子，50岁以上基本不再提拔进入地市级党政领导班子，57岁以上不再提拔进入省级党政领导班子等。硬性的年龄限制在强化对有晋升欲望的官员努力发展政绩激励的同时，也创造出政治意义上的"出名要趁早"。在中央集权化的干部管理体制下，中央政府为避免出现地方官员的"派系"和地方主义，往往运用职务调动的方式加快地方官员的流动，这也缩短了官员在某一地任职的年限，特别是省一级官员。政绩显示必须在短期内实现。有学者认为，大量的"短期行为"和"机会主义行为"正是由此逻辑所滋生，例如，上届政府大肆借债，用于"四大风"（大马路、大楼、大广场、大草坪）的建设，而将还债的包袱留给下一届；本届市长提出"经营城市"的理念，大量批租土地，下一届市长便无地可卖。[②]

就职能多样性来说，在"职责同构"的格局下，地方政府的各级政府事权在事实上是极为模糊的。宪法和有关法律对中央政府与地方政府的纵向权力划分及各自的职责与相互关系都有规定，但这些规定都过于

---

① 周雪光：《逆向软预算约束：一个政府行为的组织分析》，《中国社会科学》2005年第2期。

② 容志：《激励与行为：地方机会主义及其制度分析》，《上海行政学院学报》2008年第6期。

原则化，不易操作。如在《中华人民共和国教育法》《中华人民共和国义务教育法》《突发公共卫生事件应急条例》《中华人民共和国环境保护法》等法律规章中，只有教育支出责任划分的法律规定相对具体，而对环境保护、医疗卫生、社会保障等方面的责任划分比较笼统宽泛。这一状态象征了地方政府的"全能"色彩，也标志了在行政职能的行使上面，地方政府承担着极为沉重的履职压力，也就是说，中央政府和上级政府可以随意强加政治或行政任务给地方政府，而不需要考虑地方社会的需要与地方政府的实际行政能力。但任何一项领域中出现的疏漏或问题都有可能严重影响未来的仕途。

政绩资源的可获得性。幅员辽阔也意味着中国地方资源禀赋、人力资本储备、发展基础上的巨大差异，也产生了不同的发展要求与目标，例如沿海开放城市因其较好的发展基础和有利的地域条件，再辅以更优惠的政策，在经济发展上面被认为具有较大的优势，经济增长几乎是理所当然的要求，也成为地方政府展示经济政绩的便利条件。而内地部分落后地区，要快速地寻求经济发展的负担则可能更重。还需要特别指出的是，中央政府的政策供给具有滞后性，地方尝试在先、中央政府加以认可或否决是中国改革进程的常见模式，也是由改革内在的探索性所决定的。这对地方政府意味着一个新的问题：如何准确衡量中央的政治意图而不逾矩？故而，地方政府需要不断去捕捉来自中央的政治信号，小心翼翼地在一定的藩篱内进行选择。

就中央或上级政府来说，对地方政府进行政绩考核时也需要衡量考核基本的成本问题。即便尽可能地设置了较为多样化的考核指标，但指标本身也有可衡量性的大小问题，即所谓的"软指标"与"硬指标"的选择问题。[①] 这样一来，在实际中收缩考核范围，尽量将考核内容大大精简，甚至只保留几个明显而易得的考核指标——硬指标，如，GDP、吸引外资数量、绿化面积、固定资产投资数量、参加医疗保险人

① Jing Vivian Zhan, "The Logic of Fiscal Reforms: Analysis of Central Control vs. Local Discretion in China", *Paper for delivery at the 2005 Annual Meeting of the American Political Science Association*, Sep. 2005, unpubulished.

数等，似乎是一种很自然的逻辑。正如周黎安在解释中国各级政府的“政治锦标赛”中以GDP为核心评比指标时说，中国自改革开放以来推行的以经济增长为基础的晋升锦标赛，结合它在中国各级地方政府的放大机制，实际上让每一级政府都处于增长竞争格局，这在相当程度上解决了监督激励依次递减和信息不对称的问题，大大节约了监督成本。①

一方面在整个国家战略层面，“发展是硬道理”“经济建设”成为党政工作的核心，经济发展可以最好地凸显政权合法性；另一方面，衡量经济发展无论对于中央政府与地方政府的成本都更为低廉。两个方向逻辑相结合，本来多元化的政绩考核机制很自然地被集中压缩为GDP与财政收入指标的考核。②“发展型地方政府”形态便应运而生。尽力推动经济的快速发展，地方政府不但可以在经济层面展示更大的政绩，也能够通过财政资源的增加，提升可支配财力，用于地方基础设施建设、地方公共物品供给、地方社会福利的改善、环保等方面，呈现出更多的“政绩”。李辉提出的“政绩驱动型的地方政府”概念，堪称这一逻辑最为生动的说明，“政绩行动既是执行国家政策的活动，又是向中央国家表演和表现成绩的活动，同时还是官僚晋升的政治竞争活动”。③政绩，尤其是经济政绩，构成了我们理解改革时代地方政府自主性及其各种行为表现的重要参照点。本书前已申明，制度结构的变迁会深刻影响地方政府自主性的表现。如果把政绩视为地方政府行为的重要指针，相关制度结构及其逻辑的变化势必会影响政绩的表现形式。分税制之下的诸种地方政府行为取向可为此提供证明。

---

① 周黎安：《中国地方官员的晋升锦标赛模式研究》，《经济研究》2007年第7期。

② 兰永生：《现行政府官员政绩考核标准审视：一种信息经济学视角的分析》，《内蒙古农业大学学报》（社会科学版）2005年第3期。

③ 李辉：《腐败、政绩与政企关系——虚假繁荣是如何被制造和破灭的》，复旦大学出版社2011年版，第257页。

第三节　新财政体制中的政绩行动

1994年开始实行的分税制确定了中央税、地方税和共享税，并且建立了独立的国家税务局来征收国税，地方税务局则仍旧征收地方税。而作为妥协，中央政府以税收返还的方式确保地方政府财政收入的总量不会下降。分税制体现着中央政府利用议程设置权力和制度变迁中的主导权，捍卫财政利益的努力。如前章所述，为了让地方政府更愿意接受这项制度安排，分税制改革在地方政府的相关利益上也做出适当考虑，例如，建立起了制度化的中央对地方政府的税收返还和财政转移支付制度；将一些增收潜力的税种（如个人所得税、营业税和房地产税）化为地方税种。[①] 但这种妥协不应简单理解为中央政府权威衰落的产物。现实证明，中央政府从这种妥协中获得了非同寻常的收益。

一　分税制与地方政府行为

分税制改革的一个主旨是中央政府财政收入占总财政收入的比重，借此强化中央政府的宏观调控能力和国家能力，并规约地方政府的财政行为。明确的目标是要将中央财政的比重从40%提高到60%，将增长潜力最大的增值税75%划归中央政府。从其实际后果而言，地方财政的比重有明显下降。根据陈抗的研究，从1994年到1998年，除上海外，各省财政收入占省负担的总财政收入的比重明显下降，不管是净上缴省份或净获补贴省份，省财政的分成比例都大大减少。[②] 分税制之所以能取得这样的成效，与分税制的制度设计有关。分税制改革将税收的

① 黄佩华：《中国地方财政问题研究》，彭远龙等译，中国检察出版社1999年版，第2页。

② 陈抗等：《财政集权与地方政府行为》，《经济学》（季刊）2002年第1期。

征管与财政分开，保证税收入库，同时，又通过与地方政府划分税种，保证中央政府收入。周飞舟的研究发现，分税制的实行固定了中央政府和地方政府利益分配的比例和方式，基本上消除了地方政府在预算财政体制内的机会主义空间。[①] 分税制改革后，中央的转移支付成为地方财政支出相当重要的资金来源，不但保证了中央政府在地方贯彻自己意图的能力，也有助于通过调控不同地区的政府收入，削弱发展不平衡导致的地区差距，实现地区间均衡发展的目标。

同时，周飞舟也注意到，分税制在强化中央财政的实力得以强化、遏制财政上“诸侯割据”的潜在风险的同时，也存在着一系列负面影响。例如，分税制改革的设计虽然考虑到了地方政府因为优质税种被划走而可能面临财源不足的问题，但实际操作中因为一般性财政转移支付比例较低，专项转移支付是主要的转移支付形式，而专项转移支付的执行缺乏稳定性和可预期性，而且专项转移支付都是以项目的形式设定，有许多较为复杂的程序标准限制，地方政府很难对这笔支付资金进行有效规划和配置。中央政府在预算内财政上的集权一方面导致地方政府向中央“要”行为产生，“跑项目、跑专项”的“跑部钱进”成为一些地方财政的主要内容；另一方面，由于“中央与地方间”分配比例的不平等，催生了地方政府寻求“预算外财政”的动机。而在地区平衡方面，由于转移支付的分配存在区域间的不平衡，地区间的财力差距反而呈现出逐渐拉大的趋势，影响了地区间的财力平衡。从全国趋势上来看，东部地区靠工业化、西部地区靠中央补助使人均财力都有明显而迅速的增长，中部地区基层政府、尤其是县乡政府的人均财力增长缓慢，也与东部与西部的差距越来越大。[②]

此外，分税制对20世纪90年代中后期以来县乡财政困难的影响已在学术界得到了广泛的讨论。[③] 伴随着县乡财政困难而来的农民负担增加问题，也使分税制与农民负担加重现象似乎有着间接的责任。因为分

① 周飞舟：《分税制十年：制度及其影响》，《中国社会科学》2006年第6期。

② 同上。

③ 参见田毅、赵旭《他乡之税》，中信出版社2008年版，第106—123页。

税制只是对中央和省级财政的收入划分做了规定，而省以下的收入划分则由省政府决定，所以分税制造成的收入上收的效应就会在各级政府间层层传递，造成所谓的财权“层层上收”[①] 的效应。所谓“中央财政喜气洋洋，省市财政勉勉强强，县级财政拆东墙补西墙，乡镇财政哭爹叫娘”，其表达的隐含意思是，中央被认为拿走了本来应该属于地方的财力，而使地方财政尤其是县乡财政陷入窘迫的境地。此外，还有顺口溜称：“国家财政扶摇直上，县级财政摇摇晃晃，乡镇财政没啥名堂，村级财政一扫而光。”高新军的研究发现，2000 年税费改革后，安徽省淮北市溪县五沟镇的财政收入一下子从 550 万元锐减为 330 万元，但是全年工资就需要 500 万元，再加上招待、办公等公务支出，一年的财政缺口高达 220 万元。安徽淮北百善镇的财政收入比 1997 年减少 300 多万元，但是镇政府有 85 人吃财政饭，其中公务员 40 人，站所 34 人，计生办 11 人。支付了教师和干部工资后，只有大约 15% 用于公共服务。2002 年，百善镇的收入是 618 万元，各项转移支付 213 万元，占财政收入的 25.6%。当年支出是教师工资 512 万元，镇政府人员工资 200 多万元。[②]

与财力向上集中的趋势相对的却是财政支出责任的下沉，即所谓中央与地方财权和事权不匹配的问题。世界银行的研究表明，分税制后地方开支在总的公共开支份额中的比重占到了 69%。[③] 而国内学者的另一项研究发现，地方政府在众多社会事务中承担了主要责任，从基本建设投资到科教文卫事业费支出等，并且在地方政府占主导的支出项目中，其多数项目地方政府支出金额在本项目年度总支出中的比重比较高，普

---

① 阎坤、张立承：《中国县乡财政困境分析与对策研究》，《经济研究参考》2003 年第 90 期。

② 高新军：《实现从权力政府向责任政府的转变》，西北大学出版社 2005 年版，第 10 页，转引自张千帆《中央与地方财政分权——中国经验、问题与出路》，《政法论坛》2011 年第 5 期。

③ ［美］罗兰·怀特、保罗·史年科：《东亚地区的分权化：发挥地方政府的作用》，世界银行报告，2005 年 6 月。

遍在85%以上。[①]

郑培指出，“中央和省级政府、省级政府和省以下政府之间的责任划分没有明确细化，导致的主要问题就是中央与地方事权越位、缺位和错位并存。中央政府（上级政府）过多承担了本应由地方政府（下级政府）承担的基础建设和某些经济领域的支出责任，在普通教育、公共卫生、社会保障等公共服务领域，中央（上级）财政投入不足，比如中央工业交通及服务业支出占20%，对企业亏损补贴占20%以上，个别年份甚至接近半数。中央占教育投入的支出不到6%，其中普通教育的支出不到7%。在社会保障领域，中央支出的养老保险基金补助、抚恤社会救济及各类社会保障补助支出仅占全国支出的2%、2.3%和1%”。[②] 另一方面，一些本应由中央（上级）政府承担的财政支出（比如预备役部队及民兵训练基地及武器弹药仓库建设、执勤部队营房建设及生活补贴、消防业务费、警卫业务费等众多国防支出），却由地方（下级）政府财政负担，形成了所谓的“中央出钱，干地方的事情”和“地方出钱，干中央的事情”的局面。[③] 此外，省以下各级政府事权划分不统一、不规范，省与市县政府间事权错位也是现阶段的突出问题。比如支农支出、基础教育和公共卫生、社会保障支出等本应由省级政府主要承担，却落在地县两级政府头上，加剧了基层财力紧张的状况。[④]

黄佩华将分税制改革称为不完整的集权化改革，其理由正是因为中央政府在集中地方财权的同时，并没有集中由地方政府执行的支出责任，即地方政府的事权。[⑤]

---

① 中央财经大学课题组：《中央政府与地方政府责任划分与支出分配权研究》，《经济体制改革》2006年第6期。

② 郑培：《新时期完善我国政府间事权划分的基本构想及对策建议》，《地方财政研究》2012年第5期。

③ 唐在富：《我国政府事权划分的历史演进与改革建议》，《中国农业会计》2010年第5期。

④ 冯兴元：《我国各级政府公共服务事权划分的研究》，《经济研究参考》2005年第25期。

⑤ 参见黄佩华等《中国：国家发展与地方财政》，中信出版社2003年版。

分税制的集权性大大影响了地方政府的行为取向，尤其是在地方政府的经济增长方略上面。分税制在税种设置上，对地方政府有相当的不利性。分税制规定中央与地方政府共享所有地方企业的主要税种——增值税。也就是说，在兴办、管理、经营企业方面，地方政府的收入风险大大提高了，但收益却要与中央政府共享。而且增值税由垂直管理的国税部门来征收，地方政府再难以利用过去更加灵活的税收减免优惠政策来推进工业发展，地方政府对于工业发展的积极性受到了相当的打击。[①] 而分税制的推行减弱了地方政府与企业的相关度，地方政府“干预”以及保护企业的热情下降，同时也“驱动”地方政府寻找新的收入增长方式，这使地方政府在财政上由原来的一条腿走路转变为现在实质上的两条腿走路（预算内与预算外）。[②] 在极大地压缩地方政府从税收中分成比例的同时，分税制却将当时规模并不显著的土地收益交给了地方政府，其后所衍生出一些地方发展怪相，似乎自有其因缘。

二　土地财政的兴起

政绩考核构成了地方政府的重要约束变量，而政绩考核主要围绕经济指标展开，政绩最大化在相当程度上等于主要经济指标增长速度的最大化。为此，地方政府动用一切手段，集中一切资源，来追求主要经济指标的增长便是势所必然。没有较快的经济增长，地方政府的主要政绩无从谈起；同时，政绩最大化能力的大小也直接取决于政府财政能力的强弱。没有足够的财力保障，地方政府也很难为各种政绩工程提供财政支持。如何最大限度地获取地方资源，就成为实现政绩最大化的前提和关键。

---

① 周飞舟：《以利为利——财政关系与地方政府行为》，上海三联书店2012年版，第61页。

② 刘承礼：《中央与地方财政关系的调整与地方政府行为的变化》，载杨雪冬等编《地方的复兴——地方治理改革30年》，社会科学文献出版社2009年版，第204页。

分税制并没有放弃对地方政府的财政激励，财政包干制下地方政府的经济主体角色也在相当程度上被保留了下来，权力中心仍然将经济发展和工业化视为优先目标。[①] 然而，在分税制的不完全集权效应笼罩之下，地方政府实现 GDP 增长最大化和财政收入最大化的努力，却受到了严重的约束。

地方政府的实际财政收入主要由三个方面构成：一是源于税收的财政预算内收入；二是各种形式的预算外收入；三是五花八门的非预算收入。根据贾康等人 20 世纪 90 年代末的研究[②]，在我国的政府收入体系中，预算内资金约占 50%，预算外收入和非预算收入约各占 25%。一般来说，预算内收入增长的弹性是有限的，过高的税率将会严重影响经济的正常发展。这样，为了减轻财政支出压力，地方政府很自然地已经将汲取资源的努力转向了非预算收入，而 20 世纪 90 年代以来，土地便成为许多地方政府获取非预算收入的主要来源。这便有了所谓“土地财政”的兴起。

“土地财政”，顾名思义，即是以土地资源及其相关产出为财政收入的重要来源。骆永春认为，“土地财政特指 1994 年分税制改革以后，在中央与地方财政分权体制不健全的条件下，地方政府为缓解财政压力，利用现行土地产权与管理制度的不足，以自身收入和资源控制最大化为目标，以城市用地规模膨胀为核心，通过土地收购和出让之间巨大的价格剪刀差，获取由地方政府自主支配、规模逐年膨胀的土地资产收益及其延伸收益，由此形成一套地方政府相应的财政收支活动和利益分配关系”。[③] 这一定义既包含了土地财政的现实描述，也暗示了土地财政的形成机制。

---

① LiLy L. Tsai, *Accountability Without Democracy*, New York: Cambridge University Press, 2007, p. 234.

② 贾康、白景明：《中国政府收入来源及完善对策研究》，《经济研究》1998 年第 6 期。

③ 骆永春：《中国土地财政问题研究》，博士学位论文，南京大学，2012 年，第 1 页。

所谓“土地财政”包括了以下几个方面的内容。

一是土地出让，土地出让金成为地方政府财政预算外收入的最主要来源。1987 年，深圳市首次以拍卖的形式开启了国有土地有偿转让模式。1988 年《中华人民共和国土地管理法》增加了国有土地有偿转让的制度。1998 年修订的《中华人民共和国土地管理法》规定“新增建设土地的有偿使用费，百分之三十上缴中央财政，百分之七十留给有关地方政府”。而到了 2006 年，国务院规定“土地收支全额纳入地方政府基金预算管理”。[①] 有学者统计，在我国许多县市，土地出让金占预算外财政收入的比重已超过了 50%，有部分地区甚至占到了 80% 以上。自实行土地有偿出让的制度之后，土地出让金呈现明显的增长态势，出让金在地方财政收入中所占比重迅速提升：2001—2003 年，我国土地出让金合计 9100 多亿元，约占同期全国地方财政收入的 35%。2004 年，土地有偿出让进一步市场化后，当年全国出让金的价款更达 5894 亿元，占同期地方财政总收入的 47%。2005 年，我国执行收紧地根政策，出让金收入占比虽有所下降，但总额仍有 5505 亿元。2006 年，土地出让金收入再次出现井喷，第一季度全国土地出让金总额就达到了 3000 亿元左右。[②]

二是地方低价出让工业用地进行招商引资，推动当地经济发展。研究发现，在现有条件下，许多地方政府招商引资的空间极为有限，土地作为一种稀缺资源，是招商引资中相当关键的元素。[③] 政府一般采用低土地成本甚至是零土地成本的方式进行招商引资。但为了弥补土地价格过低造成的损失，地方政府又采用了建设用地的招拍挂制度加以补充。但根据国务院发展研究中心中国土地政策改革课题组的调查显示，即使

① 参见陈志勇、陈莉莉《土地财政：缘由与出路》，《财政研究》2010 年第 1 期。

② 高聚辉、伍春来：《分税制、土地财政与土地新政》，《中国发展观察》2006 年第11 期。

③ 刘佳、吴建南、马亮：《地方政府官员晋升与土地财政》，《公共管理学报》2012 年第 2 期。

土地市场化程度较高的一些东部县市，仍仅有15%的土地是采用招拍挂的方式进行土地出让，其余的85%土地仍是采用行政划拨或协议出让；而西部地区则仅有不到10%的土地是采用招拍挂的方式进行，超过90%的土地则是行政划拨或者协议出让。[①]

三是土地滋生出名目繁多的收费。土地相关收入有耕地开垦费、管理费、业务费、登报费、房屋拆迁费、折抵指标费、收回国有土地补偿费、新增建设用地有偿使用费；财政部门的收费，包括土地使用费、土地租金。此外，农业、房产、水利、交通、邮电、文物、人防、林业等部门也搭车收费。这些庞杂的收费，透明度较低，但数额巨大。

四是地方财政预算内收入的支柱是城市扩张带来的房地产业和建筑业发展。根据中国土地政策改革课题组的调查研究结果，城市扩张带来的房地产业和建筑业发展，近年来已成为地方财政预算内的支柱性收入。在东部一些发达县、市，由建筑业和房地产业创造的税收是地方税收中增幅最大的两大项目，增幅高达50%—100%。这两项税收占到地方税收的37%以上。2003年，西安市某区对地方税收贡献最大的分别为：建筑61%、房地产11%、交通运输业7%。2003年建筑业创造的税收将近1999年基数的6倍，房地产业创造的税收更是1999年的20倍。[②] 而周飞舟的研究也发现，与需要同中央分享的增值税不同，地方政府的营业税主要来自于对建筑业和第三产业的征收，建筑业也是其中的大头，地方政府将精力集中于建筑业的税收征收是极为理性的选择。[③]

五是以土地抵押作为获取银行贷款的融资工具，为城市基础设施建设和其他改革提供资金支持，地方政府掌控的“隐匿的财富”转化为启动中国城市化的巨大资本。[④] 1997年8月，杭州市在全国最早成立了

---

① 刘佳、吴建南、马亮：《地方政府官员晋升与土地财政》，《公共管理学报》2012年第2期。

② 蒋省三、刘守英：《土地解密》，《财经》2006年第4期。

③ 周飞舟：《大兴土木：土地财政与地方政府行为》，《经济社会体制比较》2010年第3期。

④ 赵燕菁：《土地财政的历史、逻辑与抉择》，《城市发展研究》2014年第1期。

土地储备中心，即是力图依靠土地储备依靠银行贷款和财政拨款，收购破产或效益不高的国有企业的划拨土地，盘活闲置、低效利用的土地，解决下岗职工的生计和出路，推动企业改制。其后这一做法在浙江各地乃至全国推广。

20 世纪 90 年代末以来，“土地财政”成为地方经济发展的重要动力，提高了地方政府财政收入，也与大规模的城市化建设并辔而行，构成了中国地方的现代化成就的绚丽标志。有经济学的实证分析表明，土地财政也起到了促进第二、第三产业发展的重要正向作用。①

然而，“土地财政”的弊端，已有许多学者洞若观火。“土地财政”引发了房地产开放的浪潮，地价的提高相应拉高了房地产的价格，扭曲了房地产的合理市场供需价格，增加了民众的购房压力，同时也未必有益于房地产业的正常发展。土地财政也拉大了贫富差距，使早期投资不动产的居民同后来者之间随着房价上涨财富落差日益扩展，破坏了社会流动的正常渠道。此外，运用土地进行融资城市化的行为，存在着严重的金融风险。2012 年年底，全国 84 个重点城市用于抵押的土地面积已经高达 34.87 万公顷，抵押贷款总额高达 5.95 万亿元，土地的净收益已经成为地方政府信用的基础。②

更严重的是，围绕着土地的流转与融资行为，衍生了大量的寻租和腐败现象，激化了地方政府与地方民众间的矛盾。如 2003 年前后的乱批“开发区”“工业园区”风潮，2004 年后的“分拆征地”等。③ 地方政府的征地行为成为农村官民矛盾的主要根源。④ 有学者根据 30 多个城市的统计，地方政府获取土地的成本与出让土地的收益之间，平均相差

---

① 骆永春：《中国土地财政问题研究》，博士学位论文，南京大学，2012 年，第 16 页。

② 赵燕菁：《土地财政的历史、逻辑与抉择》，《城市发展研究》2014 年第 1 期。

③ 参见常红晓、官靖《地权回归》，《财经》2008 年第 21 期。

④ 根据陈锡文的分析，中国农村每年发生数万起群体性事件，大多与土地征占有关。新华网 http://news.xinhuanet.com/newcountryside/2007—01/31/content_5675779.htm。

18 倍，也就是说地方政府花 1 块钱征地（或者买地），卖 18 块钱，净赚 17 块。[①] 诸培新和曲福田两位学者 2004 年对江苏省 N 市的土地征用和出让进行了实证调查发现：农民失去了所有的土地，获得了土地转化收益中的小部分，而地方政府在没有任何损失的情况下获得了丰厚的利润。[②] 成本被转嫁于被征地者与土地消费者那里。有意思的是，“土地财政”实现的可能，恰恰是由国家对土地资源的垄断地位决定的。以农村征地为例，依照现行的《中华人民共和国土地管理法》，农村的集体土地要用于非农建设，都必须先征为国有，征地权实际上为各级地方政府所有，“政府对一级土地市场的行政垄断和低价补偿，成为塑造政府行为的巨大利益推手，推动地方政府加大土地开发和转让的力度，这是地方政府土地财政的主要内容”。[③]

围绕土地的流转、征用、批租等问题，地方政府对土地收入的狂热得到了最显著的体现。有媒体报道，2005 年呼和浩特市出让土地 8000 多亩，在专业公司的帮助下，土地价格从 2004 年年底的每亩 30 万元左右提升到 50 万元以上，最高达到 300 万元。市政府的土地净收益超过 4 亿元。根据陕西省国土资源厅公布的数据，2002 年陕西省出让土地中采用招标、拍卖、挂牌的土地 1876 亩，其中经营性土地招标、拍卖、挂牌的收入 8 亿元，比 2001 年翻了一番。2003 年全省招标、拍卖、挂牌出让 759 宗，面积 5871.5 亩，出让价款 20.5 亿元。2004 年全省招拍挂收入则达到了 36.1 亿元。[④]

地方政府对土地财政的依赖，也成了近年来“房地产调控失灵”的重要原因。在全国一片房价喊跌的呼吁中，地方政府却纷纷出台房地产救市政策，有的甚至硬性规定房地产商不得随意降价。在中国二、三线

---

① 王军：《土地财政的动力结构》，《瞭望新闻周刊》2005 年第 37 期。

② 诸培新、曲福田：《农地非农化配置中的土地收益分配研究——以江苏省 N 市为例》，《南京农业大学学报》2006 年第 3 期。

③ 王星：《调控失灵与社会的生产：以房地产业为个案及个案拓展》，《社会》2008 年第 5 期。

④ 《抑制“卖地冲动”还需收缴卖地收入》，《经济参考报》2006 年 9 月 25 日。

城市的财政收入中，房地产业收入普遍占到了三分之一，房地产业的下滑，将使各地方政府面临入不敷出的危机。[①] 有媒体甚至根据官方统计数据做了翔实的统计，发现地方财政与房地产收入紧密相关，地方财政对房地产有高度的依赖，以上海为例，在2004年、2007年上海房地产景气的年份，上海全年商品住宅销售额分别为2064.74亿元大增58.8%、2706.3亿元大增47%，相应地，该市全年地方财政收入分别为1119.72亿元增长24.5%、2102.63亿元增长31.4%，均出现超过20%以上的较大增幅。2006年及2008年房地产行业处于调整期的年份，上海市全年房地产开发投资额分别为1275.59亿元略增2.3%、1366.87亿元略增4.5%，全年商品房销售额分别为2177.08亿元仅增长0.7%、1608.47亿元大幅下降40.6%，相应地，该市全年地方财政收入分别为1600.37亿元仅增长11.6%、2382.34亿元仅增长13.3%。[②]

如果抛开经济化的解释，我们能否为地方政府对于土地财政的热情提供一个政治化的解释？刘佳等人通过中国地市级面板数据的实证分析表明，地方政府官员晋升竞争是土地财政的根本原因，官员任期同土地财政之间存在着显著的关系。[③] 从地方政府及其领导干部置身的制度组织环境中，我们还可以更深入地去解释这一行为选择的政治机制。如前所述，地方代议机制的弱化，使之无法发挥对地方政府的有效约束，地方政府对地方社会的公共利益缺少足够的敏感度，对地方政府的“政治企业家”来说，地方财政的超常增长有助于其凸显政绩，也有助于其为进一步的政绩工程奠定基础；此外，官员任期制与频繁流动，相当程度上意味着官员并不需要对更长远的政策行为的后果承担责任，只要不是过于激进的政策选项，只要在任期内保持政策后果正负效应的均衡，其

---

① 参见黄章晋《谋事在人 成事在天》，《凤凰周刊》2009年第4期。

② 参见田新杰《上海房地产开发成本实地调查》，《二十一世纪经济报道》2009年3月13日。

③ 刘佳、吴建南、马亮：《地方政府官员晋升与土地财政》，《公共管理学报》2012年第2期。

后可能的政策损失并不会直接影响地方政府官员的仕途，财政收入增加、基础设施建设的改善、经济发展速度的加快，反倒既能在地方赢得某种认同，更重要的是能充分展示理政能力的卓越。“土地财政”作为一种普遍性而短期成效显著的经济发展战略，其问题存在于整个国家经济发展逻辑中，既是地方政府官员自身无法改变的结构现实，也是一种有利的政绩资源。

于是，我们看到，“土地财政”及随之而来的地方政府行政取向，嵌入了由政治集权结构内生的压力型体制、政绩考核机制等联袂孕育的“短期政绩最大化”逻辑，在分税制财政集权效应的催化作用下，成为地方政府合乎理性的行为选择。这也是地方政府自主性异化的典型体现。黄宗智说：“正是靠分权和市场化激发的地方政府发展经济的积极性，以及其围绕 GDP 的政绩审核制度，促使地方官员把招商引资作为第一优先目标。这样，相互竞争引进资本。一方面提供廉价土地、劳动力、原材料、财政优惠等条件，同时，为了提高本地的竞争力，着重把稀缺资源配置于优先发展基础建设（公路、铁路、供能等方面）。结果，譬如，环境保护就只能是次要的考虑，不可能获得其需要的资源。地方环保部门往往变成多唱高调而缺乏实质性措施的部门，大大加剧了环境污染。”①

地方公共利益和地方民众的利益淹没于国家的 GDP 增长需求和地方政府政治利益的汪洋大海中。

① 参见黄宗智《改革中的地方国家体制》，《文化纵横》2009 年第 6 期。

第六章

国家逻辑与政府创新

改革开放时代，地方政府自主性成长中出现了一种重要的表现形式——地方政府创新。“创新”一词，在国家发展战略的话语体系中得到了不断阐发，领导人也不断强调“要鼓励地方、基层、群众解放思想、积极探索，鼓励不同区域进行差别化试点，善于从群众关注的焦点、百姓生活的难点中寻找改革切入点，推动顶层设计和基层探索良性互动、有机结合”。[①] 地方政府创新从根本上是与改革开放并辔而行，改革开放之初的政府创新在空间上多体现为特区、沿海经济开发区等特定区域，而创新内容也主要集中于经济领域。20 世纪 90 年代中期以来，创新的范围则大大地扩展。中共中央编译局比较政治与经济研究中心等单位合作创设了中国首个对地方政府改革进行全面评估的奖项——“中国地方政府创新奖”，迄今已举办七届，申请项目已多达数千项，从申请项目内容来看，覆盖了政治改革、行政改革、公共服务等广泛领域。已有许多研究关注了地方政府创新的动力机制问题，注意到了市场经济的发展、社会结构的变迁、公民需求的增加等因素对地方政府创新的外部激励。[②] 关于地方政府创新的成效问题，除了公共服务水平提高的一般层面的解读，也有学者指出了政府创新借由经济发展、治理绩效

---

① 参见习近平《推动改革顶层设计和基层探索互动》，新华网，http：//news.xinhuanet. com/2014—12/02/c_ 1113492626. htm。

② 吴建南、马亮、杨宇谦：《中国地方政府创新的动因、特征与绩效》，《管理世界》2007 年第 8 期。

的改善，对于政府合法性提升发挥了积极作用。[①] 陈家喜等人则认为，政绩驱动是地方政府创新的主要动力。[②] 陈家喜的这一分析揭示出了前章所述国家官僚体系在改革时代形成的特定逻辑对于地方政府创新的影响。需要进一步探讨的是，地方政府创新与人们一般认定的政绩成就—晋升是否有较直接的因果关联，这似乎尚未有系统的研究予以确认。但确难否认的是，地方政府落实中央及上级政府政策意图、发展战略、工作安排的所谓“上下逻辑”形成了地方政府创新的主要缘由。根据地方政府创新奖研究团队的统计，在前面五届的申请项目中，约有八成来自落实中央文件型的案例。[③] 而就创新项目的可持续性而言，调查问卷表明，上级领导的认可也被认为项目可持续及成功最重要的因素。[④] 以本书的理路而论，地方政府创新的这种特征极为真切地展示了改革开放时代地方政府自主性对于自上而下国家逻辑的依附性。本章的后面部分试图运用作者曾参与调研的两个政府创新案例来说明这一逻辑的力量。

第一节　社会工作的本土化实践

作为一种实践的社会工作在现代中国的历程可追溯久远，但其重要性与专业性重新得到关注和肯定却是改革开放以后的事。[⑤] 在以单位制

---

① 何增科：《政治合法性与中国地方政府创新》，《云南行政学院学报》2007 年第 2 期。

② 陈家喜、汪永成：《政绩驱动：地方政府创新的动力分析》，《政治学研究》2013 年第 4 期。

③ 芦垚、杨雪冬、李凡：《地方创新需与制度对接》，《浙江人大》2011 年第 11 期。

④ 杨雪冬：《过去十年的中国地方政府改革——基于中国地方政府创新奖的评价》，《公共管理学报》2011 年第 1 期。

⑤ 曾家达、殷妙仲、郭红星：《社会工作在中国急剧转变时期的定位》，《社会学研究》2001 年第 2 期。

和人民公社为主体的全能主义式社会治理体系下，所有的社会问题都被压缩收罗于以党政组织主导的职能范围之内，党政体系兼负社会福利与社会管理的功能，并不存在于国家、政府判然分明的一个社会，遑论社会工作这一特定的功能领域的呈现。“在计划经济体制下，政府是社会工作的唯一主体，政府通过企业、民政系统、人民团体、福利性社会单位等三大部门履行社会服务职能。”①

一 社会工作议题的再现

改革开放30年，中国的经济发展和社会进步取得了举世瞩目的成就。经济体制改革（或称市场化改革）极大地解放了社会生产力，促进了我国经济的持续高速增长，同时也因经济与社会发展不协调引发了诸多相当严重的社会问题。例如，医疗体制改革、教育体制改革一度越来越多地加入了市场化内容，公共产品的商品化现象严重；面向困弱群体的社会福利服务受市场化侵蚀，使困弱群体的福利服务缺乏可获得性。建立独立于企业之外的社会保障制度将退休职工推向社会，企业不再承担退休职工的福利服务职能，他们的保障服务受到不利影响，等等。总之，在朝向市场化的改革中，政府及其代理人（企事业单位）承担公共服务和社会福利职能的责任弱化，但缓慢发育的社会并未像政府希望的那样承担起社会服务的责任。片面的经济增长战略和对社会发展的忽视引发与导致了严重的社会问题，并产生了不容忽视的意外性后果，日趋繁荣的社会机体对公平正义灵魂的吁求愈加强烈。

这种困境在中国农村表现得尤为醒目。计划经济时代基于职业属性而构建的社会工作差序格局，本身便有福利、服务的差异性、不平等特质，“城乡人口由于户籍限制，政府供给的福利资源和公共服务有着巨大的差

① 李迎生、方舒：《中国社会工作模式的转型与展开》，《中国人民大学学报》2010年第3期。

别”。[①] 市场经济天然的城市化倾向，[②] 市场经济带来的农村经济社会结构、家庭结构、组织结构的剧烈变迁，则进一步强化了这一差异，并且滋生出前所未有的新社会问题。研究者将这些问题归纳为农村人口（计划生育、养老、婚姻等）、农村社会治安（如封建迷信、黑恶势力、人口买卖等）、农村利益诉求（信访、群体性事件等）、农村特殊人口（孤寡老幼、妇女、残疾人等）四个面向。[③] 同时也将这些问题融合入和谐社会建设、新农村建设等更广泛的议题中加以衡量。[④]

治理的现实压力引发了对社会工作的极大兴趣。以执政者视角观之，社会工作与国家发展的宏大战略诸如社会建设、服务型政府、和谐社会等息息相关，党的十六届六中全会通过的《中共中央关于构建社会主义和谐社会若干重大问题的决定》，将“建设宏大的社会工作人才队伍”提上了议事日程，并将政策与制度保障、人才培养、职业规范制定和从业标准的构建视为重要的政治议题。中国社会工作的发展由教育研究阶段走入制度建设。中央组织部亲自协调相关部门探索中国社会工作制度建立的条件与方式。作为直接相关方的民政部门则顺势设立了社会工作人才队伍建设领导小组，并在2007年下发《民政部关于确定社会工作人才队伍建设试点地区和单位的通知》，确定北京市东城区等75个区（县、市）和中国收养中心等90个单位为民政部社会工作人才队伍建设试点地区和单位，视人才队伍建设试点工作为推进民政系统和民政范围社会工作人才队伍建设的重要举措，敦促各地各单位高度重视，加强领导，保障投入，积极探

① 杨团：《中国的社会政策》，《社会政策评论》2006年第26期。

② 在西方，社会工作起源于工业化和现代化，是现代化的产物。都市化的进程中，农民远离家庭与乡村共同体的支持，在城市建立新生活，时常面对贫困、医疗、教育等社会福利问题。社会工作便是成长于这一背景下。时至今日，发源于西方的社会工作理论实践仍存在“重城市、轻农村”取向。参见张和清、杨锡聪、古学斌《优势视角下的农村社会工作》，《社会学研究》2008年第6期。

③ 陈成文：《现实农村善治必须推进农村社会工作职业化》，《湖南农业大学学报》（社会科学版）2011年第12期。

④ 王思斌、阮曾媛琪：《和谐社会背景下中国社会工作的发展》，《中国社会科学》2009年第5期。

索，精心实施，确保试点工作顺利进行。鲜为人知的内地县城万载由此踏上了农村社会工作实践与创新的主舞台。

二　从“试点”到“示范”

2007 年 4 月，江西省万载县正式获准为首批国家级社会工作试点单位。首批试点之所以能花落万载，除了已有一定的基础之外，时任县委书记陈晓平的强力推动功不可没。相关资料显示，陈晓平，1964 年生，早年曾留学美国。作为一名学者型官员，陈晓平思想开明、视野开阔，对西方社会工作制度有一定的了解。在他的助推之下，万载顺利抓住了全国社会工作首批试点机遇。2007 年 6 月，江西省民政系统社会工作人才队伍建设推进会在万载县召开，为试点工作的展开提供了良好的体制基础。

万载县委县政府于 2007 年 7 月正式颁布《万载县开展社会工作人才队伍建设试点工作的实施方案》，计划用一年时间在全县范围内开展试点工作，并选取 11 个县直部门和全县 30% 的乡镇、10% 的村委会作为示范点进行重点扶持。

历经一年多的试点之后，2008 年 12 月，万载县成为全国农村社会工作人才队伍建设试点经验交流会的东道主。至此，以“党委统一领导、政府主导推动、部门密切配合、整合现有资源、社工义工联动、公众广泛参与、广大群众受益”为核心内容的农村社会工作“万载模式”宣告成型。作为花炮之乡、百合故里的小县城万载也因此而名噪一时，吸引了全国各地的政府机构和民间人士前往考察取经。

对于经济社会发达的城市地区，因为资源优势明显，市场需求充足，社会工作发展有着更为优越的基础。此外，在经济社会发展高度不均衡的中国，城市发达地区社会工作至少已有较为成熟的理论指导与较多元的经验参照，在农村和欠发达地区，这些几乎都是空白。而这正是万载备受瞩目的亮点所在。作为中部欠发达地区的一个小县城，万载不仅要回应社会工作本土化的拷问，同时要解决人财物资源欠缺的难题，才能将社会工作从城市发达地区引入农村欠发达地区。

早在被确定为试点单位之前，万载县就已经在全国约 3000 个县（市、区）中率先发布了《关于加强社会工作人才队伍建设推进社会工作发展的意见》，引起上级相关部门的注意。2007 年 4 月正式获批为试点单位之后，当地县委、县政府又联合江西师范大学等高校力量展开基层调研，就农村社会现状及社会工作需求进行深入剖析。县里制订了《万载县开展社会工作人才队伍建设试点工作的实施方案》，就试点的指导思想、目标、内容和步骤等做出了明确规定。此外，万载县还就试点经费保障、社工人才队伍建设等问题发布了专门文件，使整个试点工作得以有条不紊地展开。一年多的试点工作结束后，万载将社会工作人才队伍建设拓展到了全县各乡镇、街道、城乡社区和教育、卫生、司法、团委、残联等部门，并成立了县社会工作协会和义工联合会，探索之路逐渐步入常规和正轨。

万载在试点过程中，强调将社会工作融入本土实际之中。这种本土性，首要在于问题现实针对性。万载的执政者将这些现实问题归纳为：

农村儿童及青少年服务。针对农村留守儿童生活上缺人照应、学习上缺人辅导、情感上缺人关爱的现象，通过整合城乡资源，组织开展了“一对一”的“爱心妈妈、爱心爸爸”“留守儿童之家”“模拟家庭”等活动，积极倡导城乡志愿者为留守儿童提供学习、生活上的辅导与照顾。

农村老人社会服务。针对农村留守老人较多，一些留守老人因得不到子女的生活照料和精神慰藉，面临一系列生活困难和问题，积极开展居家养老服务，建立老年人的社会支持网络。

农村妇女社会服务。针对农村留守妇女经济压力大、生活照顾负担重、夫妻情感缺失、易受家庭暴力或外界歧视等现状，以妇女互助会为依托，在各村都成立了留守妇女帮扶中心，对农村留守妇女的生产生活进行帮扶，切实保障她们的合法权益，逐步提升她们的自尊、自信与自强。

农村社会救助。针对农村贫困人口多、基础设施差的现状，积极动员和组织社区群众，搭建农村弱势群体的爱心平台，争取各种相关公益性民间组织项目和资金，为残疾人、单亲家庭、低保对象、灾民、移民等弱势群体提供服务和帮助，保障他们正常的生产生活，维护他们的合法权益。

农村社区矫治服务。针对农民的文化素质总体偏低，部分村民法律意识淡薄等问题，积极开展禁赌社会工作、矫治社会工作、家庭社会工作等，消除社区矫正人员的不良心理和行为，增强村民的法制观念，促进家庭邻里和睦，努力营造农村和谐社会氛围。

开展农村康复服务。针对农村残疾群体规模大、医疗康复设施差的现状，组织成立残疾人互助康复中心，为农村残疾人提供生理、心理、生活、生产技能等康复服务及职业技能培训，帮助他们重塑生活信心，使他们真正被社区所接纳并融入主流社会。

本土性还体现在了社会工作队伍的配置与其专业化训练方面。在农村社会工作基础薄弱、社会工作人才高度缺乏的情况下，如何调动更多的力量参与试点工作、解决人手不够的问题，是经济欠发达地区面临的一大难题。为此，万载县采取了多渠道筹建社工队伍的措施。他们创立了“1+3”模式，即1名专业社工+1名社会工作从业人员+1名社会工作志愿者，建立社工、从工和义工联动机制。还实行盘活存量、多元吸纳、转换提升、专业引领“四轮”驱动的方式，建立了一支30多人的专业化社工队伍、近1000人的本土化从业社工队伍和10000多人的志愿服务队伍。同时，还采取“角色转换”和“专业置换”等措施，在党政机关、人民团体、乡镇（街道）、村（居）委会和社会工作服务社中设定社工岗位。此外，他们还与省内各大高校之间建立密切合作关系，借助专业力量开展试点工作。

在试点之前进行扎实调研，试点时强调社会工作服务于政府中心工作，从当地基层干部中置换社会工作从业人员，建立致富驿站带动农民致富……所有这些，都是主政者充分发掘本土资源的重要体现。在试点初始阶段，万载选择了部分乡镇、街道、村落社区和县直部门作为示范点，对其重点支持，率先摸索积累经验。通过一个个样板的示范作用，带动其他部门的积极性，一年多以后，试点工作方逐步在全县推开。从制度变迁的逻辑来看，万载的社会工作发展与全国社会工作发展的布局高度一致，即从局部逐渐扩散到整体。

通过这一系列措施，万载县试点工作得以顺利运转。从2007年到2012年，全县开展社会工作个案、小组和社区案例达520多个，建档2800余份。所有这一切，奠定了农村社会工作万载模式存在的基础，使其完成了从“试点”到“示范”的跨越，赢得了社会工作“城市看上海，农村看万载”的美誉。[①]

自2007年开始，万载模式可谓一路顺风顺水、高歌猛进，赢得了来自社会与政府系统的众多鲜花和掌声。万载先后被评为“全国首批农村社会工作人才队伍建设试点示范县”“2009年全国社会工作十大事件”之一和2010年中国全面小康“十大民生决策”称号，并于2012年获评“第六届中国地方政府创新奖”优胜项目。

第二节　社会治理在基层

地方政府创新，揭示了经济社会发展带来的全新治理格局与治理困境，而其间又夹杂着实践中的疑难、领导偏好、新的政治话语、重塑合法性的欲求乃至主流学术范式的变迁等多种因素。

2006年10月，中共十六届六中全会《关于构建社会主义和谐社会若干重大问题的决定》明确提出要创新社会管理体制，整合社会管理资源，提高社会管理水平，健全“党委领导、政府负责、社会协同、公众参与”的社会管理格局，进一步推动社会建设与经济建设、政治建设、文化建设协调发展。以“社会管理体制改革”为名目的地方实践及相应的理论课题一时蜂起。而到了2012年，胡锦涛同志在省部级主要领导干部专题研讨班开班式的讲话中首次使用了“社会治理”的概念。中共十八届三中全会则决定把创新社会治理体制作为推进国家治理体系和治理能力现代化的重要内容，提出了“加快形成科学有效的社会治理体制，确保社会既充满活力又和谐有序”的目标要求。也正是在此背景下，福建省厦门市海沧区的“政务综合体”改革浮出了水面。

厦门市海沧区作为一个新兴城区和发达工业区，同样面临着不断加快的社会转型和城镇化进程所带来的挑战，人口的急剧增加（大量“新海沧人”涌入，使人口从2006年的10万迅速增长到2013年的近45万）、

① 田先红：《农村社会工作的万载试验》，《决策》2012年第2期。

经济总量的快速提升（2013年生产总值达到424.46亿元，居厦门市各区前列），民众更多元的服务需求、更错综复杂的利益格局等，都在不断撬动着传统的社会治理体系。“政府如何为社会公众提供更高效、更便捷的社会管理服务”，解决群众办事不方便、政府管理服务不到位、共同参与社会管理渠道不通畅等三大问题，实现社会管理服务中的政令执行畅通、部门协调沟通、政民互动联通，形成平稳和谐的社会管理服务环境，成为海沧治理创新的问题意识所在。2012年8月8日，经国家民政部批准，海沧区成为全国第九个、福建省第一个“全国社区管理和服务创新实验区”。在这一探索中，海沧创新是名之为“政务综合体”的治理结构。

2011年上半年，海沧区提出以“社会事务服务中心、协商中心、求助中心、调解中心、应急中心——五个中心”为一体的框架，并逐步着手付诸实践。2012年5月由上述“五个中心”组成的综合体开始全面运作，次年初又将“五个中心”植入行政服务中心，建成了福建省面积最大、窗口最多、行政审批事项最多、公共服务功能最齐全、信息化程度最高的区级政务综合中心。中心配套建设了咨询服务台、母婴哺乳室、填单台、办事指南架、电子自助服务、银行ATM服务、复印机、饮水机、自动售卖机等一系列齐全的便民服务设施。中心还架设了全省行政服务中心首个移动4G网络，免费开放。该中心结合手机和手持终端使用便捷性特点，建立了办事网上预约、手机排队叫号、离台评价系统等电子便民服务系统，打造成全天候服务的“虚拟政府”。同时，还依托原有网格化社会管理体系，利用信息网络技术，建立了区、镇街、村居三级服务与管理体系，实现区内各级服务管理的上下对接、兼容与全覆盖。

“政务综合体”力求整合行政机关、党群部门、事业单位等各类资源，实现“综合服务全整合、审批流程全压缩、电子信息全升级”，其结构是以五个中心为次系统的综合体系。

一是社会事务服务中心。由区政府办（行政服务中心管委会）牵头，是一个集行政审批、信息公开、资源配置、公共服务、效能监察为一体的综合性服务系统平台。该中心采取前台受理、后台审批的方式办公，共设置92个办事窗口，首批进驻单位41个，涉及行政审批服务事项600项。由每个部门窗口逐次审批的串口流程改为不同部门窗口同时审批相应事项的并口流程；对每个窗口的审批与服务流程实行实时视频监控，并将视频记录保留60天，以备查看。二是社会应急管理中心。由区政府办（突发公共事件应急中心）牵头，是一个融区网格化社会服务管理联动指挥中心、区三防指挥中心、区突发公共事件应急中心及区委、区政府值班室为一体的综合性应急指挥系统平台。三是社会事务求助中心。由区民政局牵头，是一个整合社会救济、台商求助、劳动维权、妇女维权、法律援助、工会帮扶、失学救助、残疾救助、红十字救助等各类非紧急事务救助资源，结合社区网格化管理与志愿服务力量，为社会公众提供系统、全面的救助服务的系统平台。目前有工会、法律援助中心、民政、信访等4个单位入驻，均有一条服务专线，主要负责求助专线接听、登记、分流、督办、反馈等事项；其余未入驻的单位均设有服务热线，并开展职责范围内的求助工作。四是社会事务协商中心。由区委统战部牵头，是区党委、政府在重大决策出台前的听证会、问卷调查、座谈会等公众参与和民主协商平台系统，现已形成较为成熟的区、镇街、村居三级工作网络。五是社会事务调解中心。由区司法局牵头，是一个整合综治、信访、劳动仲裁、消费维权、医患纠纷、人民调解、交通事故调解等资源，建立多元化的调解机制，为各类矛盾纠纷的调解提供工作系统。

在上述区级五大中心和三级联动机制之下，下辖的各街道、乡镇以网格化为基础构建了相应的社会服务中心，最基层的村（居）网格员也由过去条条管理变为综合管理，即每个网格员负责各自网络内的所有服务与管理事项，由过去“一岗一责，各自为政”的粗线条管理，转变为“一岗多责，一专多能”，为提供精细化服务创造条件，成为五大中心及三级联动机制发挥功效的基本单元部件。在海沧新阳街道，于2013年3月成立了福建省首个街道“网格110”——新阳街道网格化社会服务管理指挥中心。下设五个分中心，即便民服务中心（办事大厅）、综治信访维稳中心、党群服务中心、社工服务中心、宣教文化服务中心，并配置了先进的街道网格化社会服务管理指挥平台信息系统，既能完整显示辖区各网格的人、地、事、物、情等情况，同时可以即时接收来自网格员的电话或信息，迅速调出相关信息，并指挥相关单位和个体及时处置突发事件。

“政务综合体”的运行机制建构呈现以下特征：一是体制内治理资源

的重新配置与整合。在横向层面，相对于国内其他地方建立的行政服务中心，海沧区将“综合体”概念引入公共服务与行政管理领域，以较具综合性、一般性的社会职能设定为标尺，对行政机关、党群机构、事业单位等相关部门资源加以重新整合，构筑了五大中心平台，在横向协调层面，实现了现有行政社会资源与公共服务的整体化、规模化、可操作化、务实化。二是上下联动、流程再造。相当多的社会管理创新往往着眼于某一具体项目、单一平台建设、单一层级。海沧政务综合体则构建了较完整的自上而下运行机制。“政务综合体”大系统并没有仅仅停留在本级层面，而是在镇（街）、村（居）也建立了相互呼应、有机链接的次系统，构成了区、镇（街）、村（居）三级间纵向有效衔接与互动的体系机制。三是高度的电子化信息化。无论是各党政机构资源横向整合还是上下间纵横互动性机制的建立与运行，都是以一套完整统一的电子信息系统为基础。政务综合体的“五个中心”运行体系、区镇（街）网格化指挥中心和三防指挥中心等体系，都借由投入巨大的网络信息设备加以链接，实现各类信息系统的标准化接入。特定的社会管理事件或问题可以通过这一系统，超越传统文件管理与部门信息传递的滞怠，从而有效提高行政管理与公共服务效率。

纵观“政务综合体”的运作模式，给人的直观印象首先是对既有社会管理体制、结构、配置的重构。我们可以将机构重置与职能整合视为这一创新的主要途径。社会管理问题的复杂性很大程度上是由于诸多事项涉及多个职能部门甚至多层级单位。在传统条块分离管理体制下，社会管理服务事项部门配置的混乱重叠导致部门间的推诿塞责，进而造成了公众普遍不满的“办事难”，也成为当前社会管理体制为人诟病的现象之一。“政务综合体”模式则将社会管理问题划入五大功能体系，建设立以党政主要领导牵头的五个领导小组，最大限度整合各体系相关职能部门资源，以期满足民众需求，更加及时高效解决传统社会管理服务不到位的问题。以社会事务调解中心为例，该中心领导小组由区委常委、政法委书记任组长，以司法局牵头，成员囊括了区综治委、纪委、公检法、司法局、信访局等相关部门领导。在区级设立社会事务调解中心的基础上，镇（街道）一级依托综治信访维稳中心设立社会事务调解工作站，同时，在相关部门和矛盾纠纷多发领域设立行业性、专业性调委会，形成横向到边、纵向到底的调解组织网络，对于没有成立调委会的成员单位，指定调解工作负责人，建立联络员队伍。中心对镇（街道）社会事务调解工作站、相关部门、行业性、专业性调解组织的社会矛盾纠纷调解工作进行协调指导。中心设立接待岗位1个，主要负责流程是接待→登记→分流→督办→办结→反馈。各成员单位及镇街工作站指派一名分管领导及一名具体联络员，保持通信畅通，负责承办调解中心分流的工作，按照要求在规定时限内办结，反馈调解中心归档。自该中心成立以来，成功调解纠纷981件，涉及近万人次；多部门联合调解33件，涉及137人次。

这些创新嵌入了厦门市整体发展规划的话语体系中，似乎与“社会治理”找到了更清晰的契合点。这一发展规划被通俗地概括为“美丽厦门，共同缔造”，其内容被阐发为“核心在共同，基础在社区，关键在激发群众参与、凝聚群众共识、塑造群众精神，根本在让群众满意、让群众幸福”的要求。这一表述形式堪称中央关于社会治理工作指导方针的具体化延展。

第三节 “创新”的边界

在某种意义上，创新的活力与创新实践多样性的存在昭示了中国政治行政体制所具有的非同寻常的弹性，又凸显出人们对于当代中国政治体系的一般性判断同经验的矛盾性。如果说经济分权的初衷就有推动经济发展的体制创新意义的话，政治行政领域的创新似乎提出了一些传统理论解释框架之外的疑题。如前章所述，改革开放以来的中国政治依然在许多方面保存着政治上高度中央集权的色彩，许多西方理论也将“权威主义”这一模糊的定义加之于中国政体，经济分权的“政治集权体制”似乎也是学术界的基本共识。而在传统理论看来，分权应当是政府创新的基础，只有体制化的分权才能强化地方政府对于地方公共服务需求的回应性，从而经由创新产生更多样化的公共服务供给。依据这些视角，地方经济发展模式创新的多样化更容易理解，但政治集权体制下，中央与地方政府间关系等级化特征、压力型运作机制等，似乎会暗示地方政府在政治、行政层面的行为将更具有同质性。

其实，如果不是呆板地以某种静态理论观照中国政治发展现实，这种疑难并不难解释。改革的历程与内在逻辑表明，地方政府自主性的成长，在相当程度上是权威体制为巩固其正当性基础培育的结果，权威体制同时也牢牢地坚守着其核心运作原则和逻辑。政治集权与地方政府自主性实践中并未存在理论上的对立关系，换言之，经济分权和行政分权是地方政府自主性的基础，地方政府自主性的良性发展则构成了权威体制稳定性的力量源泉。西方学界习惯用“无政治改革的改革”之类的术语来界定当代中国波澜壮阔的转型与改革进程，但更公允地审视，尽管经济发展是改革的主旋律，市场经济的特殊性注定需要治理体制的转型，而经济发展又不可避免地改变了当代中国的政治、社会、经济结构，乃至文化、价值观等抽象要素，反过来进一步约束、塑造着当代中国的治理结构与治理逻辑。唯其如此，种种社会管理、治理、公共服务等话语及其实践方能得到充分理解。

渠敬东等人指出，21 世纪初以来，为从根本上解决社会经济诸领域内出现的种种社会问题，中央政府逐步形成新的治国理念，日益强调政府行为中心要从经济向公共服务转变，除促进经济建设的职责外，政府要承担对社会公平的保护和对公共事务的管理。渠敬东等人提出了“技术治理”概念综纳中国 30 年改革开放的经验，技术治理指的是“政府职能的发挥不仅依赖其已获授权的权威，而且也依赖其不断改进的程序和技术，并将法治化、规范化、技术化和标准化作为行政建设和监督的核心议题。从经营到治理的转变，既反映了这个阶段依靠“行政吸纳政治”的逻辑来进行社会建设的基本思路，同时也改变了行政体系结构、政府行为模式及其与社会经济诸领域的内在关系。[①]

“行政吸纳政治”“技术治理”等是对改革开放时代上层的、整体的

---

① 渠敬东、应星、周飞舟：《从总体支配到技术治理：基于中国改革三十年经验的社会学分析》，《中国社会科学》2009 年第 6 期。

国家治理逻辑的定位，也体现在地方政府创新的主要内容、空间、形式上，导致了创新领域呈现较明显的不均衡格局。创新研究者们发现，中国的地方政府创新项目很大一部分是在行政领域的技术性创新，公共管理创新优先改革趋势体现着中国政府改革议程的变化。① 地方政府广泛运用现代技术手段来提高政务的电子化、信息化过程，从而改善了公共服务的效率质量，如"市民健康系统建设""行政审批监察系统""一站式电子政务新模式"等；地方政府也引入了新的政治学与公共管理理念，完善政务组织结构、流程、机制，如"绩效管理""政务综合体"等模式。②

当然，地方政府创新实践也并未局限于行政主导的公共服务领域，而是延伸到了立法甚至党组织体系内，涉足了选举、权力监督等更具有政治意义的领域，如浙江温岭的民主恳谈、台州市乡镇团委书记直选、四川遂宁步云乡长候选人直选等。有学者对前三届地方政府创新获奖项目的统计惊异地发现，属于政治改革类的创新项目，约占总数的43%，是三大类中所占比例最高的。③

对于地方政府创新的成效与局限性，已有诸多的研究判定，④ 无庸再费笔墨。就本书论旨而言，仍有两个相关议题不应忽视：如何理解政治领域的创新行为及创新的可续性与可扩展性。以最具敏感性的基层选举为例，可以发现，创新自然受到了地方治理压力的直接影响，但其真正成为可能既在于中央国家政策的模糊性提供的空间，也包含了地方执政者对上级和中央组织意图的推测。⑤ "扩大基层民主，保证人民群众直接行使民

---

① 参见陈雪莲《从地方政府创新发展趋势看中国政府改革议程》，载杨雪冬、陈雪莲主编《政府创新与政治发展》，社会科学文献出版社2011年版。

② 庄虔友、李守石：《地方政府创新与中国政治发展》，《黑龙江社会科学》2013年第6期。

③ 杨雪冬：《简论中国地方政府创新研究的十个问题》，《公共管理学报》2008年第1期。

④ 参见林冠平《地方政府创新现存障碍和推动机制》，《中国行政管理》2014年第2期。

⑤ 参见李佳佳《从地方政府创新理解现代国家》，博士学位论文，复旦大学，2013年，第73—75页。

主权利”“城乡基层政权机关和基层群众性自治组织，都要健全民主选举制度”等说法在党的十五大报告中出现，给予思维开放且锐意改革的地方执政者极大鼓励。[①] 人民代表大会制度、基层自治制度等本身即是属于仍在发展完善的中国特色民主政治的组成，对这些制度形式的局部探索创新原则上并非越轨之举。

地方政府创新能否持续、哪些创新具有更强的可续性，既是创新效果的外在表征，也能部分凸显出创新的限制所在。根据前四届创新奖项目的统计，许多优胜项目的确在全国范围内有所推广，但也有差不多三分之一名存实亡。[②] 除领导更替、环境变化等客观因素带来的创新停滞或受挫外，国家意识形态与政治议程等要素的演化构成了影响创新持续性与扩展的重要变量。以四川遂宁市步云乡长候选人直选改革为例，对于选举改革这样一种涉及国家权力配置的关键议题，一开始便引发了极大争议，产生了削弱“党管干部”原则的忧虑。经长时间争端冲突后，2001 年中共中央出台的意见明文规定各地在乡镇长选举中不能进行乡镇长直接选举，成为基层选举改革的转折点。此后，以党的十六大报告对“党内民主”相应，以四川为代表的基层选举创新走向了体制内，党代表的选举成了创新改革的实验对象，力图将“党管干部”原则与选举的竞争择优原则统一，并赢得了中央及上层的肯定。而同更敏感的基层选举相比，浙江温岭民主恳谈模式，因其着重于推进政府与社会的协调互动，而避开了对抗性意味浓厚的竞争选举，则显示出了更强的可续性。李佳佳的分析也显示，“中国地方政府创新奖”举办十年以来，政治改革类的创新日渐萎缩。[③]

“从纵向的权力维度看，中央的态度对于地方创新的持续性有着决定

---

① 杨雪冬：《局部创新与制度瓶颈——四川省遂宁市市中区“公推公选”乡镇长和乡镇党委书记》，载闫健主编《中国的民主治理理论与实践——民主选举》，中央编译出版社 2013 年版。

② 陈国权、黄振威：《地方政府创新研究的热点主题和理论前瞻》，《浙江大学学报》（人文社会科学版）2010 年第 4 期。

③ 李佳佳：《从地方政府创新理解现代国家》，博士学位论文，复旦大学，2013 年，第 60 页。

的意义”。[1] 地方政府创新研究的领军者也不无忧虑地提到：“一些很好的基层改革创新实践，因为得不到上级的支持而不能持续……甚至一些已被实践证明的优秀基层改革创新举措，并没有得到上级部门的积极支持和肯定……凡此种种，都会严重挫伤地方的主观能动性和自主创新精神，弱化地方的改革创新动力。”[2] 恰恰由于地方政府创新是嵌入于一个高度不平衡的权威体系内，创新是在政治集权框架和政治逻辑内的艰难摸索，地方政府的创新行为也极易沦为“口号化”“意识形态化”“盆景化”的“伪创新”。[3] 倘若视地方政府创新为地方政府自主性的绚丽呈现，不同类型创新项目的异样命运也暗示了地方政府自主性有其不容逾越的边界：政治权威体制的核心准则和中央主导的政治发展逻辑。

---

① 同上书，第 92 页。

② 沈刚：《政府创新需“顶层设计”和“基层探索”良性互动——访中央编译局副局长、著名学者俞可平》，《经济》2012 年第 4 期。

③ 参见杨雪冬《简论中国地方政府创新研究的十个问题》，《公共管理学报》2008 年第 1 期。

第七章

控制与自主之间

分权化作为中国改革的题中之义，其成效已有目共睹。地方政府自主性的成长既大大调动了地方政府推进市场化改革、加快地方经济社会发展的积极性、主动性与创造性，成为改革的重要动力，但其带来的大量负面影响，也暴露出中央与地方关系的制度结构及地方治理结构的诸多弊端。对于当代中国政治的研究者而言，这些问题却引发了我们在本书一开始所提出的许多疑问：地方政府自主性的扩张是否意味着中央国家权威的衰落？如何界定改革开放时代地方政府自主性的特征？中央集权的结构与地方政府自主性如何实现合理的平衡？

第一节　中央与地方：非零和的博弈

美国学者汤森和沃马克很早之前曾形象地将中国政府内的上下级关系描述为“上级是下级的铁锤，下级是上级的砧板”。[①] 问题是，在经历改革开放时代深刻而复杂的制度变迁之后，这一逻辑是否已然得到了根本性的扭转。

---

① ［美］詹姆斯·R. 汤森、布兰特利·沃马克：《中国政治》，顾速、董方译，江苏人民出版社 2003 年版，第 64 页，转引自唐海华《联邦制的误用：中国央地关系再审视》，《文化纵横》2015 年第 3 期。

王绍光认为分权化改革使财政与行政力量的对比发生了有利于地方政府的变化，中央在相当程度上失去了对经济生活的有效控制。[①] 黄亚胜争论分权化既没有降低中央政府的提取能力，更不用说中央政府依然保持着对省级地方政府关键职位的控制。[②] 而谢淑丽提醒我们，中央政府与其说是失去了控制，不如说是他们主动放弃了强有力的控制。[③]

对于这些两极化的争论，杨大力的观点或许更为公允，“将中央与地方政府的关系视为一场零和博弈是相当简单化，中央所得不一定为地方所失”。[④] 这一论断的启示意义在于，我们不应该将中央与地方关系的探讨仅仅局限于两者间权力关系的消长，中央与地方关系的变化所带来的地方治理结构的变化和后果同样不可忽视，毕竟在现代国家里，中央与地方政府关系不仅仅是中央对地方控制的问题，而牵动着整个国家结构以何种方式同社会发生关联。

如许多研究者注意到的，在赋予地方政府财政与行政自主性的同时，与苏联和东欧共产主义国家不一样的是，中央政府始终牢牢地掌控着对地方政府的人事控制权，将地方政府官员的升降黜陟同财政贡献及政绩绑在了一起，从根本上确保地方政府行为不会偏离中央政府的政策大方向。当地方政府的财政自主行为影响了中央的发展规划与宏观调控时，中央政府

---

① Shaoguang Wang, “The Rise of the Regions: Fiscal Reform and the Decline of Central State Capacity in China”, in Walder, *The Waning of the Communist State: Economic Origins of Political Decline in China and Hungary*, Berkeley: University of California Press, 1995, pp. 87 – 113.

② Yasheng Huang, *Inflation and Investment in China*, New York: Cambridge University Press, 1999; Dali Yang, “Reform and the Restructuring of Central—Local Relations”, in David Goodman and Gerald Segal, eds, *China Deconstructs: Politics, Trade and Regionalism*, London: Routledge, 1994, pp. 59 – 98.

③ Susan L. Shirk, “Fragmentation in China and Its International Implications”, Paper Presented at the conference on “The Growth of Chinese Power and Implications for U. S. Policy”, Aspen, Colorado, August 20 – 25, 1995, p. 1.

④ Dali Yang, “Reform and the Restructuring of Central-Local Relations”, in David Goodman and Gerald Segal, eds, *China Deconstructs: Politics, Trade and Regionalism*, London: Routledge, 1994, p. 89.

运用了自身的议程设置权力，引入了新的财政体制，试图驯化地方政府的财政自主行为。此外，李芝兰说："中央与地方关系的关键不在于谁在控制资源，而是谁在控制规制权。"[①] 前述关于中央与地方关系的讨论，由于各种原因都忽视了20世纪90年代中期以分税制为主体的再集权化的重要影响，同时也忽视了中央政府对规制性权威的创造性运用。即便财政再集权再次产生了诸多意外后果，从中央政府重新获得财政主导权的角度，从中央政府有足够的能量突破地方政府的既得利益诉求进行"再集权"的意义上，很难说，地方政府自主性的成长与扩张实质性削弱了中央的权威。正如苏·黛瑞（Dorothy J. Solinger）所言，分权化给中央和地方在不同的时间和不同的层面上带来了不同的收益和成本，"北京仍然是最重要的分配者、调控者和政策协调者，因为中央在'谁获得什么、何时获得、怎样获得'方面扮演着决定性的角色"。[②] 这样看来，郑永年等人的"事实联邦主义"范式，就像是一个自相矛盾的界定，行为上越来越多类制度化的谈判、妥协，与对央地双方都构成一定强制约束力的制度，本来就难以等同，正如我们不能将"以民为本"的政治行为同现代民主政治制度混为一谈。

第二节 嵌入性地方政府自主

中央集权体制下，如何滋生出了地方政府自主性？答案应当是显而易见的。中央集权制的意义在于，将一种近似科层化的组织结构从上往下衍

---

① 李芝兰：《当代中国的中央与地方关系：趋势、过程及其对政策执行的影响》，载杨雪冬等主编《主动的地方政治——作为战略群体的县乡干部》，中央编译出版社2013年版，第120页。

② Dorothy Solinger, "Despite Decentralization: Disadvantages, Dependence, and Ongoing Central Power in the Inland-the Case of Wuhan", *China Quarterly*, No. 145, Mar. 1996, pp. 1 – 34.

生，创造出权力关系清晰、等级层次有序的央地关系体制。这一制度运作的核心是，中央政府具有统一行政规划的权力，人事安排和资源配置权力便是其体现。人事管理上，中央政府对于公职人员的录用、考核、选拔、提升等方面都有相对统一的原则和规制权力；权力配置上，中央政府将军事权力、意识形态权力、政治权力等集于一身，通过税收财政制度的确立，对于全国范围内的资源都有根本性统一调配的权力。面对一个超大规模的政治共同体，在信息不对称的条件下，国家权力对于社会资源的汲取、社会治理的覆盖，必须通过漫长的委托—代理链条来进行，对国家权力的各个层级进行有机协调和控制，借助下层单元来完成。也就是说将实际的治理权或“治民权”授予下级政府，古人所谓“亲民之官”指的便是地方政府与地方社会，被治理客体间由此形成特殊关系。

毫无疑问，鉴于中央政府不可能将一套完整治理方案交给地方政府，不可能事无巨细地指示出地方政府行为的方方面面及行动方法，地方政府必须具有政策实施执行的基本权力，甚至对中央的政治目标与政策指令具有一定的因地、因时制宜空间，否则，无法有效地处理和解决具体问题。简单地说，中央要有总览全局、协调运作的统辖权，地方要有有效治理权。[①] 古人的“封建与郡县制”的争论无非是这一原理的特定呈现形式，是在承认大一统中央集权的基本前提下，讨论二者的合理搭配问题。例如，顾炎武在前人比较封建与郡县优劣，认为“封建之失，其专在下。郡县之失，其专在上”，郡守、县令无权，不能解决民众的问题，天下自然就不会太平，进而主张权力结构中吸取封建制的部分优势，即“寓封建于郡县”。比如，将七品知县提升到五品，正名曰县令。县令应任用本地人，头三年为试用期，三年内如称职便可升为正式县令。地方官员称职的要在当地安家，不得迁徙。县令有权任命县丞以下的官吏等。[②]

自古及今任何一种中央集权体制，都必须要对统辖权和治理权进行相

---

① 参见周雪光《权威体制与有效治理：当代中国国家治理的制度逻辑》，《开放时代》2011 年第 10 期。

② 参见牛铭实《从封建、郡县到自治：中国地方制度的演变》，《开放时代》2004 年第 6 期。

应配置，即便是最高度集权的体制，地方政府都或多或少拥有一定的自主性。有的时候，这些自主性会被更制度化的标准确立为“自主权”。当人们将央地关系的制度形式简单地划分为单一制和联邦制的时候，又容易忽略集权本身可以衍生出相当不同的形式，从而忽视了国家治理体制的重要差别。例如，英国被视为单一制国家，但同时又具有欧洲国家中延续久远的地方自治形式。另外，集权、分权的划分本身也存在大可讨论的余地，中央集的是什么权，地方分的又是什么权？如果是与国家主权直接相关的军事、外交等方面，中央集权应当毫无争议，这是一个国家之为完整统一政治共同体的根本，但在其他如行政、财政等方面，则地方政府大有可为。托克维尔在《旧制度与大革命》中早已提供了类似的思路，即政府集权同行政集权之分。“政府集权是必要的、良性的，而行政集权是不必要的、有害的。政府集权既能集中国家力量和资源从事伟大事业、推进社会进步，且又能与地方自治、政治自由和权力制衡原则相兼容。行政集权虽能短期集中国家力量和资源办大事，但从长远来看，它会不加节制地自我扩张，破坏乃至取消地方自治、政治自由和外部制衡，从而对社会和人民产生有害影响。”①

循着此种思路，我们或可进一步追问：在中国的政党—国家体制下，在改革开放的历史大潮中，当代中国地方政府自主性的特质与其他集权体制下的地方政府自主根本性差异是什么？

对于这一问题，学术界似乎不以为意，往往更热衷于讨论当代中国地方政府的基本政权属性问题，比如发展型政权或者掠夺性政权之争。戴慕珍就提出，20 世纪 80 年代和 90 年代一系列财政和税收等改革，在中央和地方政府之间形成了一种税收分享体制，对预算外收入的强烈渴求刺激了地方政府发展经济的积极性。马克·布莱彻（Marc Blecher）和苏慧文认为改革后的地方政府也越来越向一种发展型国家的模式迈进。② 夏明在对中国人民代表大会制度的研究中认为，人大制度调和了中央与地方的关

① 参见王涛《中央集权的政治困境》，《探索与争鸣》2013 年第 9 期。

② Blecher, Marc, and Vivienne Shue. *Tethered Deer: Government and Economy in a Chinese County*, Stanford: Stanford University Press , 1996, p. 205.

系，中国形成了中央与地方二元发展型的国家。①

还有一批学者指出地方政府治理进程中掠夺性的一面。周雪光认为中国地方政府目前大量存在的是一种“逆向软预算约束行为”，即一种“自上而下地索取资源”的行为。② 李（Park K. Lee）和邝（Charles C. L. Kwong）认为中国的财政改革使地方政府从发展型转变成为掠夺型；③ 吕晓波则提出中央向地方的权力下放导致地方政府在完成中央目标的同时从事大量的掠夺性行为。④ 而裴敏欣则基于中国目前所面临的问题，认为目前中国已经变成了“分权化的掠夺型国家”（decentralized predatory state）。⑤

正如李辉所批评的，地方政府的“发展性”或“掠夺性”都是从不同的行为表象立论，前者注意到了地方政府在经济发展中的积极主导作用，后者则仅从部分地方政府的负面行为中提取出“掠夺性”要素。⑥ 在笔者看来，这种简单的描述性立论，无法指明地方政府行为的内在逻辑，无法澄清当代地方政府自主性的显要特征，甚至有“意识形态预设”的嫌疑。

如前面几章所述，自 1978 年以来，地方政府行为选择的制度环境，

---

① Blecher, Marc, and Vivienne Shue. *Tethered Deer: Government and Economy in a Chinese County*, Stanford: Stanford University Press, 1996, pp. 209 - 210。

② 周雪光：《“逆向软预算约束”：一个政府行为的组织分析》，《中国社会科学》2005 年第 2 期。

③ Lee, Park K. & K. Wong, Charles C. L., “From Developmental to Predatory Government: An Institutional Perspective of Local Cadres' Strategic Economic Behaviour”, in *China's Challenges in the Twenty-first Century*, edited by Joseph Y. S. Cheng, City University of Hong Kong Press, 2003, pp. 383 - 407.

④ Xiaobo Lü, “Booty Socialism, Bureau-Preneurs, and the State in Transition: Organizational Corruption in China”, *Comparative Politics*, Vol. 32, No. 3, 2000, pp. 273 - 294.

⑤ Minxin. Pei., *China's Trapped Transition: The Limits of Developmental Autocracy*. Harvard University Press, 2006, p. 132.

⑥ 李辉：《腐败、政绩与政企关系——虚假繁荣是如何被制造和破灭的》，复旦大学出版社 2011 年版，第 254 页。

地方政府的角色及其行为的激励结构和约束机制都在发生着深刻演变。国家意识形态所经历的从改革前“以阶级斗争为纲”到“以经济建设为中心”演变，及最终完成以发展为导向的意识形态转型，推动了地方政府角色功能从单纯的政治统治、政治动员到以经济建设为中心的转变。政绩考核体系的改革，特别是量化的经济增长绩效考核的不断强化，更是使经济发展型政府成为地方政府角色行为的基本模式。更具有重要意义的是，以“分灶吃饭”的财税承包体制为发端的财政体制改革，在承认地方政府相对独立的利益结构的合法性的基础上，不断强化了地方政府独特利益结构的激励机制。这种特殊的激励结构客观上塑造出了地方政府以地方经济增长速度的最大化，来实现地方及政府政绩最大化的行为逻辑。地方政府的行为选择，也需要从这一制度环境的变化和地方政府基本行为逻辑的交互作用加以解读。

改革初期的财政与行政分权，强化了地方政府与地方经济社会发展的共容性利益。地方政府对地方市场的积极干预与扶持，使地方政府的政绩、自身利益、地方利益实现了相当程度的融合，地方法团主义、地方保护主义等现象都可以从这种融合得到合理的解释。但是这种融合，与中央政府宏观调控能力和国家市场化改革的趋向相冲突，从而导致了20世纪90年代中后期的中央对央地关系体制的重新调整。

以分税制为中心的制度变革，显然改变了地方政府自主性的运行轨道。在压力型体制与干部管理体制造就的政治责任机制逐渐成形的情况下，尚不完善的制度却相当程度上弱化了地方政府以更规范、更常规方式汲取地方资源、推动地方经济社会发展的财政与行政能力，在现实语境中，这种现象即被陈述为地方政府责任、事权与财权、财力的不一致。[①]在政治责任机制与财政收入最大化的压力和内驱力共同作用下，地方政府的行为短期化和机会主义倾向进一步被强化，资源攫取行为走向变异，趋向于以地方长期、和谐、均衡发展为代价，实现以GDP为核心的短期政绩（利益）最大化，地方政府同地方社会的共容性日渐弱化，这便是研

① 安秀梅主编：《中央与地方政府间的责任划分与支出分配研究》，中国财政经济出版社2007年版，第7页。

究者们观察到地方政府存在“掠夺性”现象的制度缘由，也是地方政府自主性异化的集中表现。

据此，我们不妨把当代中国地方政府自主性界定为“嵌入性自主”，这种嵌入首先指的是，地方政府的自主空间是在一个由人事权、规则设定权等各种央地关系的基本结构中形成，从根本上无法突破组织、制度结构所形塑的强大约束，但也能从中找到一定的行动选择空间。此外，地方政府自主性还嵌入了目标设定、意识形态标准、正当化探索等要素构成的国家逻辑内，以中央政权为中心的“国家逻辑”，深藏着国家富强的久远理想、社会主义现代化模式的全新探索、经济增长的压力、新时期社会治理的资源储备的需要。

第三节 地方政府自主性的困境与未来

30 年来的改革开放是一个无所不包的全能主义国家从社会中逐渐退出的过程，但这种退出本身是国家政权为了重新唤醒社会的活力，有意识的自我收缩。而时至今日，中国依然保持着鲜明的“强国家”形象——国家对经济生活还有着广泛的干预，党和国家的权力组织网络密布于社会，以保证经济发展与社会转型的平稳。国家对社会的渗透同权力下放相结合，具体呈现为地方政府对地方社会的渗透和干预，地方法团主义、发展型地方政府、中间扩散型制度变迁等模型无不是对地方政府在经济社会发展中主导性的理论陈述。赘述这一现实的意义在于再次强调，“嵌入性地方政府自主”是与中国政治体制的整体运行结构、机制、逻辑密不可分的，必须将之放置于此背景下方有助于我们完整地理解地方政府行为的逻辑，央地关系的变革需要同国家政治逻辑的发展相结合。

在中国的集权国家结构中，地方政府是中央政府的代理人，是等级化的国家官僚体系的低端，它的行为准则和逻辑并不完全等同于一个作为特定领土范围内的暴力垄断者的行为准则，影响其行为的因素不仅仅是自身利益的考量，国家组织结构、中央政府对其施加的控制和约束、地方社会的权力结构等都会制约着地方政府的行为选择。中央集权下地方政府本质的内在矛盾是：它既是国家（相对于地方社会和民众），又不是国家（相对于中央政府）。

迄今为止，我们的讨论都在央地关系的视野下。事实上，我们讨论地方政府自主性时本应涉及地方政府与地方社会的关系问题，因为无论如何，本书所触及的地方政府自主性成长后果，势必以地方治理绩效的形式呈现。虽然以某种潜在的甚至不规范的形式，地方政府已经受到了地方特定利益的影响，尤其是地方精英集团的影响，但就总体而言，地方政府同地方社会尚未建立强有力的制度联结，地方政府对地方民间社会的责任，从根本上是中央政府要求地方政府对地方负责，这堪称中央集权体制的天然属性。为了使地方政府有效治理社会，激励地方政府推动地方经济社会发展，中央政府需要赋予地方政府足够的自主权，具有一定的自主性，但为了确保地方政府自主行为不会危及中央政府的权威，中央又必须对地方政府施以必要的约束和限制。政治集权从根本上决定了地方政府自主性不能突破中央政府的权力意志，中央政府才是地方政府权力和地方政府行为合法性的来源。压力型体制、政治承包机制、政绩考核机制的形成，都体现着控制与激励这两种取向的结合。

于是，我们看到地方政府复杂的行为逻辑，如李辉所说，以 GDP 为中心的政绩行为成了最关键的因素。政绩行动本质上当然是政府隐蔽的自利行为，但这种自利行为相当程度上是由中央政权现代化的“国家逻辑”所塑造的，地方政府自我考虑与国家政策策略互动，构成了自主与服从的统一、制约与治理的结合。地方政府自主性空间的开拓，并不必然造就恶劣的后果，其实我们很多时候看到在以政绩为中心的激励机制下，地方政府自主性成就了很多有利于社会经济发展的事务。[①] 但是这种结果的出现带有很强的不确定性。当中央政府对地方政府的自主性、对地方政府的政绩行动的实现条件施加了更多的约束时，地方政府政绩行动的成本被转嫁给地方社会，这正是我们在“土地财政”中所看到的画面。

① 参见李辉《腐败、政绩与政企关系——虚假繁荣是如何被制造和破灭的》，复旦大学出版社 2011 年版。

"地方政府自主性"的政绩驱动、压力型运行等特征意味着，当代中国的政治秩序与国家治理从根本上并未跳出依赖政治上中央政府控制地方政府的逻辑。一旦地方治理危机出现，人们很自然地将问题的解决寄予中央政府，期待中央政府约束地方政府的行为。中央与地方政府的关系，也因此不仅仅是简单的政府间权力分配，而是承载了整个政治系统的稳定、安全和秩序。①

在中央集权的基本框架之下，地方政府自主性是一个暧昧而充满不确定的空间，也就是说地方政府能够有自由裁量的空间，同时又暗示了这种空间随时都可能被压缩或取消。如沙北岭（shaun breslin）所说，在严格遵守中央指令和参照地方实情灵活处理之间并没有明确的界限，地方政府的行为究竟是因地制宜地执行中央政策，还是搞土政策，只有通过领导人的实践和中央对此的反映来断定。② 这注定了地方政府自主性的意义天然是残缺不全的。地方政府自主性之所以是一个弹性的空间，在于地方政府行为的根本准则不是由正式的法律和制度来界定的，这是一种没有稳定预期的、由处于强势的一方（中央政府）创造的空间。而对于中央政府，这一空间同样是缺少稳定预期的，自主性的边界在哪里，到何种地步算是威胁到了中央政府的权威，在现行的运行机制下很难有一个明确的标准，在某种意义上，统辖权同治理权的平衡也是一个"摸着石头过河"的过程。此外，中国改革的"创新特质"在某种程度上也会放大这一不可预期性，例如地方政府的某些"创新"或者行为本身可能是现行制度法律尚未说明和涵盖的范围，中央政府对之进行监控的方式只有两种：全面禁止或事后追究。全面禁止显然不符合改革本身的要求，而事后追究又会压缩事前承诺的可靠性空间。③

这种不确定性最大的承受者是地方社会与民众。在短期制、政绩考核

---

① 刘海涛：《有限政府的政治建构》，《复旦政治学评论》2008年第00期。

② 转引自景跃进《政治空间的转换》，中国社会科学出版社2004年版，第172页。

③ 周雪光：《权威体制与有效治理：当代中国国家治理的制度逻辑》，《开放时代》2011年第10期。

等因素的影响下，这种缺少法律实质性确认的自主性催生着大量的短期行为。自主性的获得也意味着地方政府可以按照自己的利益需要来执行中央政府授予的权力，在没有来自社会强力约束的环境下，在地方政府同地方共同体的利益关联机制、制度联结机制还不够健全的条件下，地方公共利益很容易成为地方政府自利行为、机会主义倾向的牺牲品。地方民众的选择，正如同谢茨施耐德所说的“冲突的社会化”一样，通过上访、群体性事件等方式，唤起更高权威的注意，从而改变于己不利的权力格局。[①]地方政府与地方公众的矛盾中所体现的地方政府行为失范、行政不力，客观上促使中央强化对地方政府的控制，削弱地方政府的自主空间，却又极易导致地方政府治理资源匮乏、治理能力的下降，更进一步加深了地方政府对中央的依附，加剧了地方政府同地方共同体的利益疏离。当地方政府同本行政区及其公众的利益共容度越来越低，地方治理的改善便更加遥不可及。这种不确定性带来的控制与治理的困境，是地方政府自主性的悖论所在。周雪光“权威体制与有效治理”的深刻矛盾关系或可算作这种悖论的近似表达。

针对这一困境的疏解，已有的回答浩如烟海。议者们大体着眼于中央与地方关系进一步制度化的问题。如在分税制的深化改革方面，重新划分中央与地方的税种和税收分成比例；共享税中，结合增值税扩围改革，重新划分中央和地方的分成比例以保证地方财力；对于资源税，可以考虑增加地方政府特别是中西部地区政府的分成比例；地方税中，应将现行城镇土地使用税和房产税合并，建立内外资统一的房地产税，并适当提高征收标准，充实其作为地方税的主体税种。适当下放权力，经中央立法、财政等机构审批同意后，给予地方（省级）政府一定的地方税征收权和税率调整权，允许其视时机和条件在一定范围内开征诸如遗产税、财产税等税种，以增加地方政府的收入。优化转移支付构成，构建体现公平效率和透

① 参见谢茨施耐德《半主权的人民：一个现实主义者眼中的美国民主》，任军锋译，天津人民出版社2000年版。“冲突的社会化”意指处于弱势的一方努力诉诸公共权威，使冲突的范围不断扩大，借助新的力量的介入改变于己不利的权力格局，这一趋向即是“冲突的社会化”（socialization）过程。

明规范的资金保障机制。①

在事权配置的法治化方面，有学者建议采用宪法修正案的方式，在宪法中明确、科学地界定中央与地方政府事权。并辅之以地方政府组织法、财政法、税收基本法、预算法等，构成中央与地方政府间权限划分法律体系。采取分别列举的方式，根据中央与地方在国家管理中的地位和作用，在宪法和基本法律中明确规定中央和地方的事权范围。凡是关于国家整体利益、全局利益的事务，由中央政府承担。关于地方局部利益和地方自主性的事务由地方政府负责。将诸如教育、卫生、环境保护、生态工程等“准全国性公共事项”及一些突发性事项列为中央与地方的共管事项，由中央与各级地方政府按照一定的比例来承担管理和支出责任，决策权归属中央部委，支出责任则授权委托给具体的地方政府。②

还有学者提出，应尽快制定颁布《中央与地方政府间责任法》、《中央与地方关系法》等法律规范，消除政府间责任关系的不规范、不确定问题。其他相关法律也需修订和完善，进一步规范各级政府在社会保障、文教卫生、生态环保、基础设施等公共产品提供的一系列法律规范。通过法制保持中央政府与地方政府关系的相对稳定，使各级政府在履行职责时，真正做到有法可依、有法必依。③

上述方案均非空论，大都围绕中央政府与地方政府间行政或财政关系而设。然而，如果党政体制的逻辑和运作机制不变，仅仅依靠行政领域或财政领域的分权制度化，政绩压力型体制很难根本改变。上级政府仍然有可能借由人事控制、组织纪律等核心控制工具，压缩下一级地方政府的自主空间，利用信息不对称的优势，地方政府同样也能对中央政府的统辖权进行“下有对策”的规避，治理成本则可能再一次转移。

① 郑培：《“十二五”完善我国政府间事权划分：问题、思路与对策》，《发展研究》2012年第5期。

② 任广浩：《国家权力纵向配置的法治化选择——以中央和地方政府间事权划分为视角的分析》，《河北法学》2009年第5期。

③ 中央财经大学课题组：《中央政府与地方政府责任划分与支出分配研究》，《经济体制改革》2006年第6期。

黄宗智提到，要实现转型，中央政府的政策抉择非常重要。最关键的步骤是地方官员审核制度。把优质福利、社会公平和环境保护真正变成“硬”道理，采纳具有长远视野的审核制度来替代现在仍然主要以经济发展为标准的政绩机制，应该不仅能够推动市场发展，也能促进国家体制本身的转化。从旧管制型国家体制转化为真正为人民服务的体制。[①]

周雪光恰如其分地指出，中国政治解决权威体制与有效治理矛盾的一种主要方式是“运动型机制”，即通过自上而下的动员方式来制定和更换政策、动员资源、推广实施，如整顿金融市场混乱、整治市容、安全生产大检查等。“运动型治理机制”是中央政府纠正地方政策过程中偏差行为的主要方式。运动型治理机制的确可以在短时间内打破科层体系的常规和懈怠，“威慑”地方政府的偏离，将地方政府的行为强有力地向中央控制一级扭转，但又会进一步损害地方政府治理的积极性与解决实际问题的能力。于是，为了有效治理，钟摆再次移动，鼓励创新的政治信号、下放权力的举措重新登场。[②] 运动式治理得以实施的基础是什么？是以意识形态话语规训、组织人事控制为主轴的政治权威结构。运动式治理既展示了政治集权的无比威力，也再次泄露了其局限的秘密——“一放就乱，一收就死”，控制与治理的悖论在变换的舞台上继续重演。

于是，要回答调和地方政府的控制与治理的问题，视野已经无法停留在单纯的中央同地方政府间关系。人们提到了所谓“横向分权”，即地方政府与地方社会的分权，赋予地方代议机构更强有力的问责与监督机制，净化地方政府的行为动机。可关键是，若此局一开，撬动的不仅是国家与社会关系的传统模式，也迟早会冲击到政治的基本运行准则。现实的政治法则里，强国家—强中央往往是天然的同盟。要在这种特殊的党政体制中，塑造纯良无瑕的地方政府自主性，仍是一个悬而未解的挑战。

---

① 参见黄宗智《改革中的地方国家体制》，《文化纵横》2009 年第 6 期。

② 周雪光：《权威体制与有效治理：当代中国国家治理的制度逻辑》，《开放时代》2011 年第 10 期。

参考文献

一　中文文献

1. 中文专著

［美］费正清、罗德里克·麦克法夸尔：《剑桥中华人民共和国史 1949—1965》，王建朗译，上海人民出版社 1990 年版。

［美］文森特·奥斯特罗姆、罗伯特·比什、埃莉诺·奥斯特罗姆：《美国地方政府》，井敏、陈幽泓译，北京大学出版社 2004 年版。

［美］詹姆斯·罗西瑙：《没有政府的治理》，张胜军、刘小林译，江西人民出版社 2001 年版。

［美］詹姆斯·汤森、布兰特利·沃马克：《中国政治》，顾速、董方译，江苏人民出版社 1995 年版。

［美］贾恩弗朗哥·波齐：《国家：本质、发展与前景》，陈尧译，上海人民出版社 2007 年版。

［美］吉尔伯特·罗兹曼：《中国的现代化》，国家社会科学基金“比较现代化”课题组译，江苏人民出版社 2003 年版。

［美］格林等：《理性选择理论的病变》，徐湘林、袁瑞军译，广西师范大学出版社 2004 年版。

［美］阿图尔·科利：《国家引导的发展—全球边缘地区的政治权力与工业化》，朱天飚、黄琪轩、刘骥译，吉林出版集团有限责任公司 2007 年版。

［美］沃尔特·W. 鲍威尔、保罗·J. 迪马吉奥主编：《组织分析的新制度主义》，姚伟译，上海人民出版社 2008 年版。

［美］蔡欣怡：《绕过民主——当代中国私营企业家的身份与策略》，黄涛、何大明译，浙江人民出版社 2013 年版。

［美］曼瑟·奥尔森：《权力与繁荣》，苏长和、嵇飞译，上海人民出版社 2005 年版。

［美］道格拉斯·C. 诺思：《经济史上的结构和变革》，厉以平译，商务印书馆 1992 年版。

［美］道格拉斯·C. 诺思：《理解经济变迁过程》，钟正生等译，中国人民大学出版社 2008 年版。

［美］白苏珊：《乡村中国的权力与财富：制度变迁的政治经济学》，郎友兴、方小平译，浙江人民出版社 2009 年版。

［美］D. H. 帕金斯等：《走向 21 世纪：中国经济的现状、问题和前景》，陈志标编译，江苏人民出版社 1992 年版。

［美］西达·斯考切波：《国家与社会革命：对法国、俄国和中国的比较分析》，何俊志、王学东译，上海人民出版社 2007 年版。

［美］R. 科斯、A. 阿尔钦、D. 诺思等：《财产权利与制度变迁——产权学派与新制度学派译文集》，刘守英等译，上海三联书店、上海人民出版社 1994 年版。

［美］亨廷顿：《变化社会中的政治秩序》，王冠华译，生活·读书·新知三联书店 1988 年版。

［美］罗伯特·古丁、汉斯—迪特尔·克林格曼主编：《政治科学新手册》（上册），钟开斌等译，生活·读书·新知三联书店 2006 年版。

［美］杜赞奇：《文化、权力与国家》，王福明译，江苏人民出版社 2000 年版。

［美］李侃如：《治理中国：从革命到改革》，胡国成、赵梅译，中国社会科学出版社 2010 年版。

［英］斯蒂芬·贝利《地方政府经济学：理论与实践》，左昌盛、周雪莲、常志霄译，北京大学出版社 2006 年版。

［美］安德烈·施莱弗、罗伯特·维什尼：《掠夺之手：政府病及其治

疗》，赵红军译，中信出版社 2000 年版。

［美］谢茨施耐德：《半主权的人民：一个现实主义者眼中的美国民主》，任军锋译，天津人民出版社 2000 年版。

［美］禹贞恩主编：《发展型国家》，曹海军译，吉林出版集团有限责任公司 2008 年版。

［英］迈克尔·曼：《社会权力的来源》（第二卷·上），陈海宏等译，上海人民出版社 2007 年版。

［英］吉登斯著：《民族、国家与暴力》，胡宗泽、赵力涛译，生活·读书·新知三联书店 1997 年版。

［德］柯武刚、史漫飞：《制度经济学》，韩朝华译，商务印书馆 2000 年版。

［美］孔飞力：《中国现代国家的起源》，陈兼、陈之宏译，生活·读书·新知三联书店 2013 年版。

［美］罗伊·鲍尔：《中国的财政政策》，许善达等译，中国税务出版社 2000 年版。

［美］莱斯利·里普森：《政治学的重大问题》，刘晓等译，华夏出版社 2001 年版。

［美］罗纳德·J. 奥克森：《治理地方公共经济》，万鹏飞译，北京大学出版社 2005 年版。

［美］约翰·L. 坎贝尔：《制度变迁与全球化》，姚伟译，上海人民出版社 2010 年版。

［英］迈克尔·曼：《社会权力的来源》（第二卷），陈海宏等译，上海人民出版社 2007 年版。

［英］拉尔夫·米利班德：《马克思主义与政治学》，黄子都译，商务印书馆 1984 年版。

［英］拉尔夫·密利本德：《英国资本主义民主制》，博铨、向东译，商务印书馆 1988 年版。

［德］黑格尔：《法哲学原理》，范扬、张企泰译，商务印书馆 2007 年版。

［比］热若尔·罗兰：《转型与经济学》，张帆、潘佐红译，北京大学出版

社2002年版。
[希] 尼科斯·波朗查斯:《政治权力与社会阶级》，叶林等译，中国社会科学出版社1982年版。
[以] 艾森斯塔德:《帝国的政治体系》，阎步克译，贵州人民出版社1992年版。
安秀梅:《中央与地方政府间的责任划分与支出分配研究》，中国财政经济出版社2007年版。
薄贵利:《集权分权与国家兴衰》，经济科学出版社2001年版。
薄一波:《若干重大决策与事件的回顾》（上、下卷）（修订本），人民出版社1997年版。
暴景升:《当代中国县政改革研究》，天津人民出版社2007年版。
边燕杰主编:《市场转型与社会分层——美国社会学者分析中国》，上海三联书店2002年版。
陈明明主编:《权利、责任与国家》，上海人民出版社2006年版。
陈明明主编:《中国民主的制度结构》，上海人民出版社2008年版。
曹荣湘主编:《蒂布特模型》，社会科学文献出版社2004年版。
《邓小平文选》第3卷，人民出版社1993年版。
《邓小平文选》第2卷，人民出版社1994年版。
董辅礽编:《集权与分权》，经济科学出版社1996年版。
杜导正、廖盖隆主编:《重大决策幕后》，南海出版公司1998年版。
国家体改委办公厅编:《十一届三中全会以来经济体制改革重要文件汇编》（中），改革出版社（内部发行）1990年版。
高培勇、温来成:《市场化进程中的中国财政运行体制》，中国人民大学出版社2001年版。
关山、姜洪:《块块经济学:中国地方政府经济行为分析》，海洋出版社1990年版。
傅勇:《中国式分权与地方政府行为》，复旦大学出版社2010年版。
胡伟:《制度变迁中的县级政府行为》，中国社会科学出版社2007年版。
胡鞍钢:《中国发展前景》，浙江人民出版社1999年版。
胡鞍钢:《中国:挑战腐败》，浙江人民出版社2001年版。

黄佩华等:《中国：国家发展和地方财政》，中信出版社 2003 年版。

何增科等:《基层民主和地方治理创新》，中央编译出版社 2004 年版。

何显明：《市场化进程中的地方政府行为逻辑》，人民出版社 2009 年版。

何俊志:《结构、历史与行为——历史制度主义对政治科学的重构》，复旦大学出版社 2004 年版。

何俊志等编译：《新制度主义政治学译文精选》，天津人民出版社 2007 年版。

洪涛等编:《经学、政治与现代中国》，上海人民出版社 2007 年版。

贾康:《地方财政问题研究》，经济科学出版社 2004 年版。

金太军等：《中央与地方政府关系建构与调谐》，广东人民出版社 2005 年版。

贾康、阎坤:《中国财政：转轨与变革》，远东出版社 2000 年版。

景跃进:《政治空间的转换》，中国社会科学出版社 2004 年版。

寇铁军:《中央与地方财政关系研究》东北财经大学出版社 1996 年版。

冷溶主编:《共和国重大决策和事件述实》，人民出版社 2005 年版。

林尚立:《当代中国政治形态研究》，天津人民出版社 2000 年版。

林尚立:《国内政府间关系》，浙江人民出版社 1998 年版。

林毅夫、李周、蔡昉：《中国的奇迹：发展战略与经济改革》，上海三联书店、上海人民出版社 1994 年版。

凌志军:《历史不再徘徊》，人民出版社 1997 年版。

陆百甫:《大重组：中国所有制结构重组的重大问题》，中国发展出版社 1998 年版。

刘美珣、[俄] 列乌斯基·伊万诺维奇主编：《中国与俄罗斯两种改革道路》，清华大学出版社 2004 年版。

刘明慧:《政府预算管理》，经济科学出版社 2004 年版。

刘亚平：《当代中国地方政府间竞争》，社会科学文献出版社 2007 年版。

刘建军主编:《制度建设与国家成长》，上海辞书出版社 2003 年版。

刘佐:《中国税制五十年》，中国税务出版社 2000 年版。

李辉：《腐败、政绩与政企关系——虚假繁荣是如何被制造和破灭的》，复旦大学出版社 2011 年版。

李治安：《中国五千年中央与地方关系》（上、下卷），人民出版社 2010 年版。

楼继伟：《新中国 50 年财政统计》，经济科学出版社 2004 年版。

吕增奎主编：《执政的转型：海外学者论中国共产党的建设》，中央编译出版社 2011 年版。

《马克思恩格斯选集》第 3 卷，人民出版社 1995 年版。

《马克思恩格斯全集》第 1 卷，人民出版社 1961 年版。

《马克思恩格斯全集》第 41 卷，人民出版社 1965 年版。

马宝成：《后税费时代的农村基层政权》，国家行政学院出版社 2008 年版。

马骏、孙麾、何艳玲主编：《中国“行政国家”六十年的历史与未来》，上海人民出版社 2012 年版。

毛泽东：《论十大关系》，人民出版社 1976 年版。

毛寿龙、李梅、陈幽泓：《西方政府治道变革》，中国人民大学出版社 1998 年版。

钱穆：《中国历代政治得失》，生活·读书·新知三联书店 2001 年版。

钱颖一：《现代经济学与中国经济改革》，中国人民大学出版社 2003 年版。

荣敬本等：《从压力型体制向民主合作体制的转变——县乡两级政治体制改革》，中央编译出版社 1998 年版。

荣敬本等：《再论从压力型体制向民主合作体制的转变》，中央编译出版社 2001 年版。

时和兴：《关系、限度、制度：政治发展过程中的国家与社会》，北京大学出版社 1996 年版。

沈亚平、王骚：《社会转型与行政发展》，南开大学出版社 2005 年版。

沈德理：《非均衡格局中的地方自主性》，中国社会科学出版社 2004 年版。

宋立、刘树杰主编：《各级政府公共服务事权财权配置》，中国计划出版社 2005 年版。
孙柏瑛：《当代地方治理》，中国人民大学出版社 2004 年版。
孙开、彭健：《财政管理体制创新研究》，中国社会科学出版社 2004 年版。
童之伟：《国家结构形式论》，武汉大学出版社 1997 年版。
唐皇凤：《社会转型与组织化调控》，武汉大学出版社 2008 年版。
涂晓芳：《政府利益论——从转轨时期地方政府的视角》，北京大学出版社 2008 年版。
田毅、赵旭：《他乡之税》，中信出版社 2008 年版。
王绍光、胡鞍钢：《中国国家能力报告》，辽宁人民出版社 1993 年版。
王绍光：《分权的底限》，中国计划出版社 1997 年版。
王丙乾：《王丙乾论财政》，中国财政经济出版社 1994 年版。
魏红英：《宪政架构下的地方政府模式研究》，中国社会科学出版社 2004 年版。
项怀诚主编：《中国改革全书：财政体制改革卷》，大连人民出版社 1992 年版。
谢庆奎、燕继荣、赵成根：《中国政府体制分析》，中国广播电视出版社 1995 年版。
郑贤君：《地方制度论》，首都师范大学出版社 2000 年版。
辛波：《政府间财政能力配置问题的研究》，中国经济出版社 2005 年版。
辛向阳：《大国诸侯——中国中央与地方关系之结》，中国社会科学出版社 1995 年版。
辛向阳：《百年博弈——中国中央与地方关系 100 年》，山东人民出版社 2000 年版。
薛晓源、陈家刚主编：《全球化与新制度主义》，社会科学文献出版社 2004 年版。
杨宏山：《当代中国政治关系》，经济日报出版社 2002 年版。
杨宏山：《府际关系论》，中国社会科学出版社 2005 年版。
杨小云：《新中国国家结构形式研究》，中国社会科学出版社 2004 年版。

杨光斌：《中国经济转型中的国家权力》，当代世界出版社 2003 年版。
杨光斌：《中国政府与政治导论》，中国人民大学出版社 2003 年版。
杨光斌、李月军：《当代中国政治制度导论》，中国人民大学出版社 2007 年版。
杨雪冬：《市场发育、社会成长和公共权力构建——以县为微观分析单位》，河南人民出版社 2002 年版。
杨雪冬、赖海榕主编：《地方的复兴——地方治理改革 30 年》，社会科学文献出版社 2009 年版。
杨雪冬等主编：《主动的地方政治：作为战略群体的县乡干部》，中央编译出版社 2013 年版。
易重华：《中国地方政府转型》，中国社会科学出版社 2008 年版。
俞可平等主编：《中共的治理与适应—比较的视野》，中央编译出版社 2015 年版。
闫健主编：《中国的民主治理理论与实践——民主选举》，中央编译出版社 2013 年版。
中共中央组织部：《党的组织工作问答》，人民出版社 1983 年版。
张坚石等编：《地方政府的职能和组织结构》（下册），华夏出版社 1994 年版。
张静：《法团主义》，中国社会科学出版社 1998 年版。
张静：《基层政权：乡村诸制度》，浙江人民出版社 2000 年版。
张千帆等：《宪政、法治与经济发展》，北京大学出版社 2004 年版。
张维迎：《博弈论与信息经济学》，上海三联书店、上海人民出版社 2004 年版。
张志红：《当代中国政府间纵向关系研究》，天津人民出版社 2005 年版。
周天勇等：《中国政治体制改革》，中国水利水电出版社 2004 年版。
朱光磊：《当代中国政府过程》，天津人民出版社 2008 年版。
朱方明：《私有经济在中国》，中国城市出版社 1998 年版。
邹谠：《二十世纪中国政治》，牛津大学出版社 1994 年版。
赵立新、宋立根：《地方政府公共服务部门改革研究》，人民出版社 2007

年版。

赵梦涵：《新中国财政税收史论纲（1927—2001）》，经济科学出版社2002年版。

周雪光、刘世定、折晓叶主编：《国家建设与政府行为》，中国社会科学出版社2012年版。

周飞舟：《以利为利：财政关系与地方政府行为》，上海三联书店2012年版。

周黎安：《转型中的地方政府：官员激励与治理》，格致出版社2008年版。

郑永年、吴国光：《中央—地方关系：中国制度转型的一个轴心问题》，牛津大学出版社1994年版。

郑永年：《中国模式：经验与困局》，浙江人民出版社2010年版。

郑永年：《中国的“行为联邦制”：中央—地方关系的变革与动力》，邱道隆译，东方出版社2013年版。

2. 中文文章：

《中共中央组织部关于改革干部管理体制若干问题的规定》，载中国社会科学院等编《中国共产党党内法规制度手册》，红旗出版社1997年版。

《中央组织部关于重新颁发〈中共中央管理的干部职务名称表〉的通知》，载曹志主编《各国公职人员管理体制》，中国劳动出版社1990年版。

中共中央组织部：《关于修订〈中共中央管理的干部职务名称表〉的通知》，《人事工作文件选编》，劳动人事出版社1991年版。

艾晓金：《中央与地方关系的再思考——从国家权力看我国国家结构形式》，《浙江社会科学》2001年第1期。

蔡英辉、周义程：《关于中国地方政府之间争议的成因及其排解》，《四川行政学院学报》2006年第3期。

曹正汉：《中国上下分治的治理体制及其稳定机制》，《社会学研究》2011年第1期。

曹正汉、周杰：《社会风险与地方分权——中国食品安全监管实行地方分级管理的原因》，《社会学研究》2013年第1期。

陈抗：《诸转型经济国家的分权化及中央、地方关系》，《改革》1994年第 3 期。
陈抗等:《财政集权与地方政府行为》,《经济学》(季刊)2002 年第 1 期。
陈那波:《代理理论及其对中国政治的应用研究述评》,载陈明明主编《权利、责任与国家》,上海人民出版社 2006 年版。
陈天祥:《中国地方政府与制度创新》,《中山大学学报》2000 年第 6 期。
陈明明:《现代化进程中政党的集权结构和领导体制的变迁》,《战略与管理》2000 年第 6 期。
陈明明:《在革命与现代化之间》,载陈明明主编《革命后社会的政治与现代化》,上海人民出版社 2002 年版。
陈家喜、汪永成:《政绩驱动:地方政府创新的动力分析》,《政治学研究》2013 年第 4 期。
陈志勇、陈莉莉:《土地财政:缘由与出路》,《财政研究》2010 年第 1 期。
陈成文:《现实农村善治必须推进农村社会工作职业化》,《湖南农业大学学报》(社会科学版)2011 年第 12 期。
陈国权、黄振威:《地方政府创新研究的热点主题和理论前瞻》,《浙江大学学报》(人文社会科学版)2010 年第 4 期。
常红晓、宫靖:《地权回归》,《财经》2008 年第 21 期。
戴长征:《国家权威碎裂化——成因、影响及其对策》,《中国行政管理》2004 年第 6 期。
戴慕珍:《中国地方政府公司化的制度化基础》,载甘阳、崔之元主编《中国改革的经济学》,牛津大学出版社 1997 年版。
《地方政府工作部门领导干部年度工作考核方案(试行)》,载中国社会科学院等编《中国共产党党内法规制度手册》,红旗出版社 1997 年版。
董泽文:《转型时期实现我国中央与地方关系民主化的路径》,《前沿》2005 年第 1 期。
都淦:《我国国家结构形式的新特点》,《社会科学研究》1986 年第 6 期。
樊丽明、王东妮:《我国地方财政支出结构实证分析》,《改革》2001 年第 3 期。

樊纲:《两种改革成本与两种改革方式》,《经济研究》1993 年第 1 期。
樊鹏、汪卫华、王绍光:《改革时期的公安分权与集权》,《北京大学中国与世界研究中心研究报告》2008 年第 7 期。
房瑞雪:《我国政府间财政转移支付的现状、问题及对策研究》,《中国市场》2006 年第 41 期。
冯兴元、李晓佳:《政府公共服务事权划分混乱的成因与对策》,《国家行政学院学报》2005 年第 3 期。
冯兴元:《我国各级政府公共服务事权划分的研究》,《经济研究参考》2005 年第 25 期。
国家发改委宏观经济研究院课题组:《公共服务供给中各级政府事权财权划分问题研究》(下),《经济研究参考》2005 年第 26 期。
郭为桂:《中央与地方关系 50 年略考:体制变迁的视角》,《中共福建省委党校学报》2000 年第 3 期。
何俊志、杨季星:《社会中心论、国家中心论与制度中心论——当代西方政治科学的视角转换》,《天津社会科学》2003 年第 2 期。
何增科:《政治合法性与中国地方政府创新》,《云南行政学院学报》2007 年第 2 期。
胡德仁、高桂玲、刘亮:《分税制财政体制改革的目标及其评价》,《河北经贸大学学报》2006 年第 1 期。
胡联合、胡鞍钢:《我国地区间收入差异的两极化趋势》,《社会观察》2005 年第 6 期。
胡盛仪:《论地方政府与中央政府关系中的控制与合作》,《党政干部论坛》2004 年第 3 期。
胡汝银:《中国改革的政治经济学》,载盛洪主编《中国的过渡经济学》,上海人民出版社 1994 年版。
郭为桂:《中央与地方关系 50 年略考:体制变迁的视角》,《中共福建省委党校学报》2000 年第 3 期。
高聚辉、伍春来:《分税制、土地财政与土地新政》,《中国发展观察》2006 年第 11 期。
华伟:《大区体制的历史沿革与中国政治》,《战略与管理》2000 年第

6 期。

黄少安：《关于制度变迁的三个假说及其例证》，《中国社会科学》2000 年第 4 期。

黄继忠：《省级财政支出制度：委托代理关系下的分析》，《经济社会体制比较》2003 年第 6 期。

黄宗智：《改革中的地方国家体制》，《文化纵横》2009 年第 6 期。

贾康，白景明：《县乡财政解困与财政体制创新》，《经济研究》2002 年第 2 期。

贾康、白景明：《中国政府收入来源及完善对策研究》，《经济研究》1998 年第 6 期。

［美］贾尼斯·L. 克菲尔德：《中国的地方政府改革：一个理性行为者的观点》，《马克思主义与现实》2006 年第 5 期。

［美］杰弗里·萨克斯、胡永泰、杨小凯：《经济改革和宪政转轨》，《经济学》（季刊）2003 年第 4 期。

［美］托尼·塞奇：《盲人摸象：中国地方政府分析》，《经济社会体制比较》2006 年第 4 期。

江孝感、王伟：《中央与地方事权关系的委托—代理模型分析》，《数量经济技术经济研究》2004 年第 4 期。

蒋省三、刘守英：《土地财政的缘由与风险》，《中国产业经济动态》2006 年第 16 期。

蒋省三、刘守英：《土地解密》，《财经》2006 年第 4 期。

金太军、汪波：《经济转型与我国中央—地方关系制度变迁》，《管理世界》2003 年第 6 期。

金太军：《当代中国中央政府与地方政府关系现状及对策》，《中国行政管理》1999 年第 7 期。

金相文、薄贵利：《中央集权制与中央高度集权制的区别》，《中国行政管理》1998 年第 1 期。

寇铁军：《关于中央与地方财政关系的定性分析》，《财经问题研究》1997 年第 11 期。

匡家在：《建国前后统一财经析评》，《中国经济史研究》2003 年第 1

期。
兰永生：《现行政府官员政绩考核标准审视：一种信息经济学视角的分析》，《内蒙古农业大学学报》（社会科学版）2005 年第 3 期。
李春成：《信息不对称下政治代理人的问题行为分析》，《学术界》2000 年第 3 期。
李对、王莉：《市场体制下中央与地方利益关系论》，《江汉论坛》1998 年第 1 期。
李景常：《现行干部制度存在的弊端与改革对策》，《齐齐哈尔社联通讯》1987 年第 1 期。
李芝兰：《跨越零和：思考当代中国的中央地方关系》，《华中师范大学学报》（人文社会科学版）2004 年第 6 期。
李军杰：《经济转型中的地方政府经济行为变异分析》，《中国工业经济》2005 年第 1 期。
李南雄：《法团主义与中国经济改革》，香港中文大学《二十一世纪》1991 年 10 月号。
李俊生：《着力解决“诸侯经济”问题》，《财经研究》1991 年第 6 期。
李迎生、方舒：《中国社会工作模式的转型与展开》，《中国人民大学学报》2010 年第 3 期。
梁朋、周天勇：《解决中央和地方事权与财权失衡的理性探索》，《地方财政研究》2004 年第 1 期。
林伯海：《联邦制、邦联制抑或“一国两制”》，《理论与改革》2001 年第 5 期。
林梅：《社会政策过程中不同政策主体之间的博弈分析：关系及格局》，《东岳论丛》2006 年第 11 期。
林南：《地方性市场社会主义：中国农村地方法团主义之实际运行》，《国外社会学》1996 年第 5 期。
林尚立：《权力与体制：中国政治发展的现实逻辑》，《学术月刊》2001 年第 5 期。
林尚立：《集权与分权：党、国家与社会权力关系及其变化》，载陈明明主编《革命后社会的政治与现代化》，上海辞书出版社 2002 年版。

林冠平：《地方政府创新现存障碍和推动机制》，《中国行政管理》2014年第2期。

刘长波：《中央与地方关系视角下的民主化道路》，《甘肃理论学刊》2006年第3期。

刘海波：《中央与地方政府间关系的司法调节》，《法学研究》2004年第5期。

刘亚平：《对地方政府间竞争的理念反思》，《人文杂志》2006年第2期。

刘和旺：《权力与可信承诺——诺斯的国家与经济绩效理论评析》，《教学与研究》2009年第4期。

刘佳、吴建南、马亮：《地方政府官员晋升与土地财政》，《公共管理学报》2012年第2期。

陆德泉：《关系——当代中国社会的交换形态》，《社会学与社会调查》1991年第5期。

芦垚、杨雪冬、李凡：《地方创新需与制度对接》，《浙江人大》2011年第11期。

［美］罗兰·怀特、保罗·史牟科：《东亚地区的分权化：发挥地方政府的作用》，世界银行报告，2005年4月。

马德普：《渐进性、自主性与强政府——分析中国改革模式的政治视角》，《当代世界与社会主义》2005年第5期。

毛寿龙：《“囚犯的难题”与“地方主义的泥淖”：中央与地方关系的再思考》，《行政论坛》1996年第4期。

牛铭实：《从封建、郡县到自治：中国地方制度的演变》，《开放时代》2004年第6期。

潘国松：《强化领导干部监督问题的几点思考》，《理论学刊》2006年第4期。

庞明川：《中央与地方政府间博弈的形成机理及其演进》，《财经问题研究》2004年第12期。

庞明礼：《地方政府竞争研究述评》，《中南财经政法大学学报》2006年第3期。

彭勃：《国家控制和社区调解：以上海社区调解为例》，载刘建军主编《制度建设与国家成长》，上海辞书出版社 2003 年版。

裴敏欣：《公权化是否会增加腐败?》，《中国国情分析报告》2002 年第 47 期。

丘海雄、张应祥：《理性选择理论述评》，《中山大学学报》1998 年第 1 期。

渠敬东、应星、周飞舟：《从总体支配到技术治理：基于中国改革三十年经验的社会学分析》，《中国社会科学》2009 年第 6 期。

荣敬本、高新军、何增科、杨雪冬：《县乡两级的政治体制改革：如何建立民的合作新体制》，《经济社会体制比较》1997 年第 4 期。

容志：《激励与行为：地方机会主义及其制度分析》，《上海行政学院学报》2008 年第 6 期。

任建明、王冠：《我国干部选拔任用腐败行为原因的研究》，《学术界》2006 年第 5 期。

任进、李军、薛波：《论中央与地方权限争议法律解决机制》，《国家行政学院学报》2005 年第 2 期。

任进：《中央与地方职权关系和组织关系比较》，《广东行政学院学报》1995 年第 3 期。

任广浩：《国家权力纵向配置的法治化选择——以中央和地方政府间事权划分为视角的分析》，《河北法学》2009 年第 5 期。

沈远新：《正和互动：中央与地方关系的新范式及其政策意义》，《上海行政学院学报》2001 年第 2 期。

沈刚：《政府创新需“顶层设计”和“基层探索”良性互动——访中央编译局副局长、著名学者俞可平》，《经济》2012 年第 4 期。

石志军、刘勇：《抑制“卖地冲动”还需收缴卖地收入》，《经济参考报》2006 年 9 月 25 日。

孙立平：《向市场经济过渡过程中的国家自主性问题》，《战略与管理》1996 年第 4 期。

苏力：《当代中国的中央与地方分权》，《中国社会科学》2004 年第 2 期。

宋超、绍智：《我国财政转移支付规模问题研究》，《地方财政研究》2005年第1期。

宋卫刚：《政府间事权划分的概念辨析及理论分析》，《经济研究参考》2003年第27期。

孙宁华：《经济转型时期中央政府与地方政府的经济博弈》，《管理世界》2001年第3期。

盛斌：《中国经济改革的政治经济学分析》，《开放时代》2001年第12期。

唐在富：《我国政府事权划分的历史演进与改革建议》，《中国农业会计》2010年第5期。

唐海华：《联邦制的误用：中国央地关系再审视》，《文化纵横》2015年第3期。

田新杰：《上海房地产开发成本实地调查》，《二十一世纪经济报道》2009年3月13日。

田先红：《农村社会工作的万载试验》，《决策》2012年第2期。

汪自成：《论我国地方立法中的权限冲突》，《河北法学》2006年第10期。

王沪宁：《集分平衡：中央与地方的协同关系》，《复旦学报》（社会科学版）1991年第2期。

王沪宁：《中国变化中的中央和地方政府的关系：政治的含义》，《复旦学报》（社会科学版）1988年第5期。

王敬松：《试论中华人民共和国中央与地方的关系》，《河北学刊》1994年第5期。

王军：《“土地财政”的动力结构》，《瞭望新闻周刊》2005年第37期。

王绍光、胡鞍钢：《正确认识和处理市场经济转型中中央与地方关系》，载董辅礽编《集权与分权》，经济科学出版社1996年版。

王绍光：《中国政府汲取能力下降的体制根源》，《战略与管理》1997年第4期。

王彦智：《论中央与地方关系的法制化和民主化》，《天水师范学院学报》2003年第12期。

王英津：《我国单一制形式的制度选择与价值取向》，《新视野》2004 年第 1 期。

王雍军：《中国的财政均等化与转移支付体制改革》，《中央财经大学学报》2006 年第 9 期。

王禹：《复杂单一制：我国中央与地方关系的三种模式》，载肖蔚云主编《香港基本法的成功实践》，北京大学出版社 2000 年版。

王星：《调控失灵与社会的生产：以房地产业为个案及个案拓展》，《社会》2008 年第 5 期。

王玉明：《中央与地方关系：演变与定位》，《岭南学刊》1998 年第 3 期。

王思斌、阮曾媛琪：《和谐社会背景下中国社会工作的发展》，《中国社会科学》2009 年第 5 期。

王涛：《中央集权的政治困境》，《探索与争鸣》2013 年第 9 期。

魏玮：《多委托代理关系、政策的选择性执行与农村税费改革》，《财贸经济》2006 年第 8 期。

闻言实：《1956 年中央领导同志的调查研究与〈论十大关系〉的发表》，《党的文献》2006 年第 1 期。

吴德贵：《我国干部人事制度改革的成效、问题与发展趋势》，《红旗文稿》2005 年第 4 期。

吴建南、马亮、杨宇谦：《中国地方政府创新的动因、特征与绩效》，《管理世界》2007 年第 8 期。

武力：《中国计划经济的重新审视与评价》，《当代中国史研究》2003 年第 4 期。

武少俊：《2003—2004 年宏观调控：地方与中央的博弈》，《金融研究》2004 年第 9 期。

肖晓军：《当前我国财政支出结构特点和优化调整》，《华南师范大学学报》（社会科学版）2006 年第 4 期。

谢志岿：《协调中央与地方关系需要两次分权》，《江海学刊》1998 年第 1 期。

熊文钊：《论中国中央与地方府际权力关系的重构》，《河北法学》2005

年第 9 期。

徐家良：《中央与地方关系模式探讨》，《杭州大学学报》1993 年第 3 期。

许安标：《关于中央与地方立法权限的划分》，《中国法学》1996 年第 3 期。

徐孟洲、叶姗：《论政府间税收竞争关系的税法调整》，《涉外税务》2006 年第 7 期。

薛暮桥：《建议改革财政承包制度》，载薛暮桥著《论中国经济体制改革》，天津人民出版社 1990 年版。

薛朝光：《关于加强对主要领导干部监督的若干思考》，《福建论坛》（经济社会版）2003 年第 8 期。

肖立辉：《县委书记眼中的中央与地方关系》，《经济社会体制比较研究》2008 年第 4 期。

徐湘林：《以政治稳定为基础的中国渐进政治改革》，《战略与管理》2000 年第 5 期。

县乡人大运行机制研究课题组：《县乡两级的政治体制改革：如何建立民主的合作新体制——新密市县乡两级人民代表大会制度运作机制的调查研究报告》，《比较经济社会体制》1997 年第 3 期。

［美］西蒙·范、格罗斯曼：《中国经济体制改革中的激励和腐败》，载胡鞍钢主编《中国：挑战腐败》，浙江人民出版社 2000 年版。

阎坤、张立承：《中国县乡财政困境分析与对策研究》，《经济研究参考》2003 年第 90 期。

杨利敏：《关于联邦制分权结构的比较研究》，《北大法律评论》2002 年第 1 期。

杨瑞龙、杨其静：《阶梯式的渐进制度变迁模型——再论地方政府在我国制度变迁中的作用》，《经济研究》2000 年第 3 期。

杨瑞龙：《我国制度变迁方式转换的三阶段论——兼论地方政府的制度创新行为》，《经济研究》1998 年第 1 期。

杨光斌：《中国经济转型时期的中央—地方关系新论》，《学海》2007 年第 1 期杨善华、苏红:《从“代理型政权经营者”到“谋利型政权经营者”——向市场经济转型背景下的乡镇政权》,《社会学研究》2002 年第 1 期。

杨小云、邢翠微:《西方国家协调中央与地方关系的集中模式及启示》,《政治学研究》1999 年第 2 期。

杨小云:《中国中央与地方关系研究的若干理论问题》,《湖南师范大学社会科学学报》2002 年第 1 期。

杨占营:《组织理论的权力观述论》,《广东行政学院学报》2006 年第 6 期。

杨之刚:《中国财政体制改革:回顾和展望》,《中国经济时报》2003 年 3 月 21 日。

杨光飞、童星:《“地方合作主义”中的权力“越位”——对转型期地方“红顶商人”现象的反思》,《南京大学学报》(哲学人文社会科学版)2005 年第 4 期。

杨雪冬:《简论中国地方政府创新研究的十个问题》,《公共管理学报》2008 年第 1 期。

杨雪冬:《近 30 年中国地方政府的改革与变化》,《社会科学》2008 年第 12 期。

杨雪冬:《过去十年的中国地方政府改革——基于中国地方政府创新奖的评价》,《公共管理学报》2011 年第 1 期。

杨团:《中国的社会政策》,《社会政策评论》2006 年第 26 期。

姚洋、杨雷:《制度失衡与中国财政分权的后果》,《战略与管理》2003 年第 6 期。

叶贵仁:《我国地方政府领导干部考核制度发展的三个阶段(1949—2009 年)》,《华南理工大学学报》2011 年第 4 期。

袁瑞军:《官僚自主性及其矫治——公共选择学派有关论点评介》,《经济社会体制比较》1999 年第 6 期。

喻希来:《中国地方自治论》,《战略与管理》2002 年第 4 期。

郁建兴、徐越倩:《从发展型政府到公共服务型政府——以浙江省为个案》,《马克思主义与现实》2004 年第 5 期。

郁建兴、高翔:《地方发展型政府的行为逻辑及制度基础》,《中国社会科学》2012 年第 5 期。
岳书敬、杨玉明：《公众参与对中央政府和地方政府间委托代理关系的影响》，《软科学》2005 年第 4 期。
曾家达、殷妙仲、郭红星：《社会工作在中国急剧转变时期的定位》，《社会学研究》2001 年第 2 期。
张千帆：《中央与地方财政分权——中国经验、问题与出路》，《政法论坛》2011 年第 5 期。
张爱琴、王英津：《实现中央与地方关系现代化的思考》，《山东大学学报》（哲学社会科学版）1999 年第 1 期。
张道庆：《论中央与地方财政关系法律调控机制的建构》，《西南政法大学学报》2006 年第 8 期。
张海廷：《单一制下中央地方关系体制应作两类划分——我国中央集权式中央地方关系的动态平衡》，《河北法学》2002 年第 1 期。
张恒龙、陈宪：《我国财政均等化现状研究（1994—2004）》，《中央财经大学学报》2006 年第 12 期。
张紧跟：《浅论中央与地方关系的法治化》，《江西行政学院学报》2002 年第 6 期。
张晋武、李华：《集权与分权：基于中央政府的财政体制变迁分析》，《河北经贸大学学报》2005 年第 9 期。
张维迎：《从中国改革看制度变革的演进特征》，《中国改革》2003 年第 11 期。
张闫龙：《财政分权与省以下政府间关系的演变》，《社会学研究》2006 年第 5 期。
张和清、杨锡聪、古学斌：《优势视角下的农村社会工作》，《社会学研究》2008 年第 6 期。
赵成根：《中国经济体制转型中地方政府角色转换和中央地方关系的发展趋势》，载王浦劬、徐湘林主编《经济体制转型中的政府作用》，新华出版社 2000 年版。
郑永年、王旭：《论中央地方关系中的集权和民主问题》，《战略与管理》2001 年第 3 期。

郑培：《新时期完善我国政府间事权划分的基本构想及对策建议》，《地方财政研究》2012 年第 5 期。

郑培：《“十二五”完善我国政府间事权划分：问题、思路与对策》，《发展研究》2012 年第 5 期。

中央财经大学课题组：《中央政府与地方政府责任划分与支出分配研究》，《经济体制改革》2006 年第 6 期。

钟开斌：《遵从与变通：煤矿安全监督中的地方行为分析》，《公共管理学报》2006 年第 2 期。

周雪光：《西方社会学关于中国组织与制度变迁研究状况述评》，《社会学研究》1999 年第 4 期。

周雪光：《逆向软预算约束：一个政府行为的组织分析》，《中国社会科学》2005 年第 2 期。

周雪光：《权威体制与有效治理：当代中国国家治理的制度逻辑》，《开放时代》2011 年第 10 期。

周黎安：《晋升博弈中政府官员的激励与合作》，《经济研究》2004 年第 6 期。

周飞舟：《分税制十年：制度及其影响》，《中国社会科学》2006 年第 6 期。

周实：《地方立法权限的探讨》，《当代法学》1999 年第 3 期。

周业安：《财税改革与地方民主建设》，载史际春、邓峰主编《经济法学评论》（第 2 卷），中国法制出版社 2002 年版。

周业安：《地方政府竞争与经济增长》，《中国人民大学学报》2003 年第 1 期。

周振华：《经济发展中的政府选择》，《上海经济研究》2004 年第 7 期。

朱光磊、张志红：《“职责同构”批判》，《北京大学学报》（哲学社会科学版）2005 年第 1 期。

朱利民、王飞欣、耿亮：《中央与地方政府事权划分与职能配置问题研究》，载吴佩纶主编《地方机构改革思考》，改革出版社 1992 年版。

诸培新、曲福田：《农地非农化配置中的土地收益分配研究——以江苏省 N 市为例》，《南京农业大学学报》2006 年第 3 期。

赵忆宇：《分税制决策背景回放》，《瞭望新闻周刊》2003年9月第15期。
赵燕菁：《土地财政的历史、逻辑与抉择》，《城市发展研究》2014年第1期。
张光荣：《分税制后地方财政的失衡及对策》，《湖南经济研究》2002年第10期。
庄虔友、李守石：《地方政府创新与中国政治发展》，《黑龙江社会科学》2013年第6期。

3. 中文博士学位论文：

陆建新：《中国制度创新中的地方政府行为悖论研究》，博士学位论文，中国人民大学，1997年。
吴瀚飞：《中国公开选拔领导干部制度研究》，博士学位论文，中国社会科学院研究生院，2001年。
王彬：《中国分税制研究》，博士学位论文，西南财经大学，2002年。
周帆：《改革开放后的中国府际关系：一种法律的途径》，博士学位论文，复旦大学，2003年。
冯佩成：《苏联干部制度的形成、发展与影响》，博士学位论文，华东师范大学，2006年。
杨山鸽：《后福利国家背景下的中央与地方关系》，博士学位论文，复旦大学，2006年。
杨红伟：《分散与重构：中央与地方权力关系的制度化研究》，博士学位论文，复旦大学，2007年。
黄相怀：《当代中国中央与地方关系的"竞争性集权"模式》，博士学位论文，中国人民大学，2007年。
骆永春：《中国土地财政问题研究》，博士学位论文，南京大学，2012年。
李佳佳：《从地方政府创新理解现代国家》，博士学位论文，复旦大学，2013年。

二 英文文献

1. 英文书籍：

Albert Breton, *Competitive Governments: An Economic Theory of Politics and Public Finance*, New York: Cambridge University Press, 1998.

Barry J. Naughton and Dali L. Yang, eds. , *Holding China Together, Diversity and National Integration in the Post-Deng era*, New York: Cambridge University Press, 2004.

Carl J. Friedrich and Zbinginew K. Brizezinski, *Totalitarian Dictatorship and Autocracy*, Cambridge: Harvard University Press, 1965.

David Goodman and Gerald Segal, eds. , *China Deconstructs: Politics, Trade and Regionalism*, London: Routledge Press, 1994.

Franz Schurmann, *Ideology and Organization in Communist China*, Berkeley: University of California Press, 1966.

Frederick Teiwes, *Provincial Party Personnel in Mainland China*, 1956—1966, New York: Occasional Papers of the East Asian Institute, Columbia University, 1967.

Jae Ho Chung, *Central Control and Local Discretion in China*, New York: Oxford University Press, 2000.

John P. Burnsed. , *The Chinese Communist Party's Nomenklatura System*, New York: M. E. Sharpe, Inc. , 1989.

Jean C. Oi, *Rural China Takes off: Institutional Foundations of Economic Reform*, Berkeley: University of California Press, 1993.

JeanC. Oi, *State and Peasant in Contemporary China: the Political Economy of Village Government*, Berkeley: University of California Press, 1989.

Jun Ma, *InterGovernmental Relations and Economic Management in China*, New York: St. Martin's Press, 1997.

Kenneth Lieberthal and Michel Oksengerg, *Policy Making in China: Leaders, Structures, and Processes*, Princeton: Princeton University Press, 1988.

Kenneth Lieberthaland, David M. Lampton, eds. , *Bureaucracy, Politics and Decision Making in Post-Mao China*, Berkeley: University of Califovnia Press, 1992.

Kellee S. Tsai, *Capitalism without Democracy: The Private Sector in Contemporary China*, Ithaca, N. Y. : Cornell University Press, 2007.

LiLy L. Tsai, *Accountability Without Democracy*, New York: Cambridge University Press, 2007.

Marc Blecher and Vivienne Shue, *Tethered Deer: Government and Economy in a Chinese County*, Stanford: Stanford University Press, 1996.

Michael Browm, Owen Coté Jr. , Sean Lynn-Jones, and Steven Miller, eds. , *The Rise of China*, Cambridge: MIT Press, 2000.

Merle Goldman and Roderick MacFarquhar, *The Paradox of China's Post-Mao Reforms*, Boston: Harvard University Press, 1999.

Peter B. Evans, Dietrich Rueschemeyer and ThedaSkocpol, eds. , *Bring the state back in*, Cambridge University Press, 1985.

Pierre F. Landry, *Decentralized Authoritarianism in China: The Communist Party's Control of Local Elites in the Post-Mao Era*, New York: Cambridge University Press, 2008.

Minxin Pei, *China's Trapped Transition: The Limits of Developmental Autocracy*, Boston: Harvard University Press, 2006.

Susan L. Shirk, *The Political Logic of Reform in China* , Berkeley: University of California Press, 1993.

Thomas P. Berstein and Xiaobo Lü, *Taxation Without Representation in Contemporary Rural China*, New York: Cambridge University Press, 2003.

Ming Xia, *The Dual Developmental State: Development Strategy and Institutional Arrangement for China's Transition*, Brookfield USA: Ashgate, 2000.

Yang Zhong, *Local Government and Politics in China*, New York : M. E. Sharpe, Inc. , 2004.

Yasheng Huang, *Inflation and Investment in China*, New York: Cambridge

University Press, 1999.

Vivienne Shue, *The Reach of the State: Sketches of the Chinese Body Politics*, Standford : Standford University Press, 1988.

Zhiyue Bo, *Chinese Provincial Leaders, Economic Performance and Political Mobility Since* 1949, New York: M. E. Sharpe, Inc. , 2002.

2. 英文文章:

Albert Park, Scott Rozelle, Chirstine Wong, and Ren Changqing, "Distributional Consequences of Reforming Local Public Finance", *The China Quarterly*, No. 147, September 1996.

Andrew J. Nathan, "A Factionalism Model for CCP Politics", *The China Quarterly*, No. 53, January 1973.

Andrew J. Nathan, "Authoritarian resilience", *Journal of Democracy*, Volume14, No. 1, January 2003.

Andrew Wedman, "Agency and Fiscal Dependence in Central-Principal Relations in China", *Journal of Contemporary China*, No. 8, 1999.

Andrew Wedman, "Incompetence, Noise and Fear in Central-Local Relations in China", *Studies in Comparative International Development*, Vol. 35, No. 4, Winter 2001.

Andrew G. Walder, "The Quiet Revolution Within: Economic Reform as a Source of Political Decline", in Andrew G. Walder ed. , *The Waning of the Communist State: Economic Origins of Political Decline in China and Hungary*, Berkeley: University of California Press, 1995.

Avery Goldstein, "Trends in the Study of Political Elites and Institutions in the PRC", *The China Quarterly*, No. 139, September 1994.

Barry Naughtom, "Implications of the State Monopoly over Industry and its Relaxation", *Modern China*, Vol. 18, January 1992.

Barry R. Weingast, "The Economic Role of Political Institutions: Market-Preserving Federalism and Economic Development", *Journal of Law, Economics, & Organization* . Vol. 11, No. 1, April 1995.

Christine P. W. Wong, "Fiscal Reform and Local Industrialization: The Problematic Sequencing of Reform in Post-Mao China", *Modern China*, Vol. 18, No. 2, April 1992.

Dali Yang, "Reform and the Restructuring of Central-Local Relations", in David Goodman and Gerald Segal, eds., *China Deconstructs: Politics, Trade and Regionalism*, London: Routledge Press, 1994.

Dali Yang, "China's Changing of the Guard: State Capacity on the Rebound", *Journal of Democracy*, Vol. 14, No. 1, 2003.

Dali Yang, "Reform and the Restructuring of Central-Local Relations", in David Goodman and Gerald Segal, eds, *China Deconstructs: Politics, Trade and Regionalism*, London: Routledge Press, 1994.

David S. G. Goodman, "Provincial Party First Secretaries in National Politics: A Category or a Political Group?", in David S. G. Goodman, eds., *Groups and Politics in the People's Republic of China*, Gardiff: University College Gardiff Press, 1984.

Dorothy J. Solinger, "Politics in Yunnan Province in the Decade of Disorder: Elite Factional Strategies and Central-Local Relations, 1967—1980", *The China Quarterly*, No. 92, December 1982.

Dorothy J. Solinger, "Despite Decentralization: Disadvantages, Dependence, and Ongoing Central Power in the Inland-the Case of Wuhan", *The China Quarterly*, No. 145, March 1996.

Edin Maria, "Remaking the Communist Party-State: The Cadre Responsibility System at the Local Level in China", in Kjeld Erik Brqdsgaard and Yongnian Zheng, eds., *Bring the Party back in*, Singapore: Eastern University Press, 2004.

Ehtisham Ahmad, Li Keping and Thomas J. Richardson, " Recentralization in China?", IMF Working Paper, October 2002 (http://www.imf.org/external/pubs/ft/seminar/2000/fiscal/index.htm).

Frederick Teiwes, "Provincial Politics in China: Themes and Variations", in John Lindbeck ed., *China: Management of a Revolutionary Society*, Seattle: University of Washington Press, 1971.

George Sung, "China's Regional Politics: A Biographical Approach", *Asian Survey*, *No.* 15, April 1965.

Haifeng Huang, "Central Signaling and Local Reform in China", Paper presented at the annual meeting of the The Midwest Political Science Association, Palmer House Hilton, Chicago, Illinois, Apr. 20, 2006 (https://www.researchgate.net/publication/252053480_Central_Signaling_and_Local_Reform_in_China).

Jack Goldstone, "The Coming Chinese Collapse", *Foreign Policy*, No. 99, Summer 1995.

James Tong, "Fiscal Reform, Elite Turnover and Central-Provincial Relations in Post-Mao China", *The Australian Journal of Chinese Affairs*, No. 22, July 1989.

Jean C. Oi, "Fiscal Reform and the Economic Foundation of Local State Corporatism in China", *World Politics*, Vol. 45, No. 1, 1992.

Jean C. Oi, "The Role of the Local State in China's Transitional Economy", *The China Quarterly*, No. 144, December 1995.

Jing Vivian Zhan, "The Logic of Fiscal Reforms: Analysis of Central Control vs. Local Discretion in China", Paper for Delivery at the 2005 Annual Meeting of the American Political Science Association, Sep. 1 - 4, 2005, unpublished.

John P. Burns, "Strengthening Central CCP Control of Leadership Selection: The 1990 Nomenklatura", *The China Quarterly*, No. 138, June 1994.

Kellee S. Tsai, "Off Balance: The Unintended Consequences of 'Fiscal Federalism' in China", *Journal of Chinese Political Science*, Vol. 9, No. 2, Fall 2004.

Lee, Park K. &Kwong, Charles C. L., "From Developmental to Predatory Government: An Institutional Perspective of Local Cadres' Strategic Economic Behaviour", in Joseph Y. S. Cheng ed., *China's Challenges in the Twenty-first Century*, City University of Hong Kong Press, 2003.

Lianjiang Li and Kevin J. O, Brien, "Selective Policy Implementation in Rural China", *Comparative Politics*, Vol. 31, No. 2, January 1999.

Xiaobo Lü, "Booty Socialism, Bureau-Preneurs, and the State in Transition: Organizational Corruption in China", *Comparative Politics*, Vol. 32, No. 3, 2000.

Maria Edin, "State Capacity and Local Agent Control in China: CCP Cadre Management from a Township Perspective ", *The China Quarterly*, No. 173, March 2003.

Melanie Manion, "The Cadre Management System, Post-Mao: The Appointment, Promotion, Transfer and Removal of Party and State Leaders", *The China Quarterly*, No. 102, June 1985.

Michael Man, "The Autonomous Power of the State: Its Origins, Mechanisms and Results", in John A Hall ed., *State in History*, Basil Blackwell Ltd, 1986.

Michael Oksenberg and Steven Goldstein, "The Chinese Political Spectrum", *Problems of Communism*, Vol. 23, March/April 1974.

Michael Oksenberg and James Tong, "The Evolution of Central-Provincial Fiscal Relations in China, 1971—1984: the Formal System", *The China Quarterly*, No. 125, March 1991.

Michel Oksenberg, "China's Political System: Challenges of the Twenty-first Century", *The China Journal*, No. 45, January 2001.

Monte Ray Bullard, "People's Republic of China Elite Studies: A Review of the Literature", *Asian Survey*, Vol. 19, No. 8, August 1979.

Olivier Blanchard and Andrei Shleifer, "Federalism with and without political Centralization: China Versus Russia", *IMF Staff Papers*, Vol. 48, 2001.

Parris Chang, "Provincial Party Leaders' Strategies for Survival During the GPCR", in Robert A. Scalapino ed., *Elites in the People's Republic of China*, Seattle: University of Washington Press, 1972.

Robert A. Scalapino, "The CCP's Provincial Secretaries", *Problems of Communism*, Vol. 24, July/August 1976.

Roy Bahl and Jorge Martinez-Vazquez, "Fiscal Federalism and Economic Reform in China", in Jessica Wallack and T. N. Srinivasan, eds., *Federalism and Economic Reform: International Perspectives*, Cambridge: Cambridge Press, 2006.

Shaoguang Wang, "The Rise of the Regions: Fiscal Reform and the Decline of Central State Capacity in China", in Andrew G. Waldered., *The Waning of the Communist State: Economic Origins of Political Decline in China and Hungary*, Berkeley: University of California Press, 1995.

Susan H. Whiting, "The Cadre Evaluation System at the Grass Roots: The paradox of Party Rule", in Barry J. Naughton and Dali Yang, eds., *Holding China Together: Diversity and National Integration in the Post-Deng Era*, Cambridge University Press, 2004.

Susan L. Shirk, "Fragmentation in China and Its International Implications", paper Presented ate the Conference on "The Growth of Chinese Power and Implications for U. S. Policy", *Aspen*, Colorado, August 20—25, 1995.

Thomas Bernstein, Xiaobo Lü, "Taxation Without Representation: Peasants, the Central and the Local States in Reform China", *The China Quarterly*, No. 163, September 2000.

Victor Falkenheim, "Provincial Leadership in Fukien 1949—1966", in Robert A Scalapino, ed., *Elites in the People's Republic of China*, Seattle: University of Washington Press, 1972.

Vivian Shue, "State sprawl: the Regulatory State and Social Life in a Small Chinese City", in D. S. Davis, R Kraus, B. Naughtonand E. Perry, eds., *Urban Spaces in Contemporary China : The Potential for Autonomy and Community in Post-Mao China*, Cambridge: Cambridge Press, 1995.

Yasheng Huang, "Administrative Monitoring in China", *The China Quarterly*, No. 143, September 1995.

Yasheng Huang, "Central-local Relations in China during the Reform of Era: The Economic and Institutional Dimensions", *World Development*, Vol. 24, April 1996.

Yasheng Huang, "The Political Economy of Central-Local Relations in China: Inflation and Investment Control in Reform Era", *Pacific Affairs*, Vol. 70, No. 68, 1997.

Yingyi Qian and Barry R. Weingast, "Federalism, Chinese Style: The Political Basis for Economic Success in China", *World Politics*, Vol. 48, No. 1, 1995.

Yingyi Qian and Barry R. Weingast, "Federalism as a Commitment to Preserving Market Incentives", *Journal of Economic Perspectives*, Vol. 11, No. 4, Fall 1997.

Yongnian Zheng, "Explaining the Sources of de Facto Federalism in Reform China: Intergovernmental Decentralization, Globalization, and Central-Local Relations", *Japanese Journal of Political Science*, No. 7, 2006.

Yumin Sheng, "Central-Provincial Relations at the CCP Central Committees: Institutions, Measurement and Empirical Trends, 1978—2002", *The China Quarterly*, No. 182, 2005.

3. 英文博士学位论文:

Andrew Wedman, Bamboo Walls and Brick Ramparts: Uneven Development, Inter-Regional Economic Conflict, and Local Protectionism in China, 1984—1991, Ph. D dissertation, University of California, 1994.

Chiang, Chiahsiung, The CCP Provincial Party First Secretary: Recruitment and Career, 1949—1987, Ph. D dissertation, Michigan State University, 1990.

Edin Maria, Market Forces and Communist Power: Local Political Institution and Economic Development in China, Ph. D dissertation, Sweden: Department of Government Uppsala University, 2000.

Fubing Su, Agency, Incentive, and Institutional Design: Bureaucracy Control and Evolution of Governance in Contemporary China, Ph. D dissertation, The University of Chicago, 2002.

James Z. Lee, Central-Local Political Relationships in Post-Mao China: A Study of Recruitment Policy Implementation in Wuhan, Ph. D dissertation,

The Ohio State University, 1993.

Pierre F. Landry, Controling Decentralization: The Party and Local Elites in Post-Mao Jiangsu, Ph. Ddissertation, The University of Michigan, 2000.

Yi Li, The Structure and Evolution of China's Cadre System, Ph. D dissertation, University of Illinois at Chicago, 2005.

后　记

本书脱胎于笔者数年前的博士学位论文。答辩之际，非但本人战战兢兢，许多学界师长也毫不客气直陈其陋，虽幸运获允通过，那份遗憾、不甘至今萦怀。昔年沪上问学，初立志政治哲思，未曾深究学术、专业的意义为何，漫览群书背后似有一份求“博学”的虚荣。而后负笈北上，选择更实证性的“中央与地方关系”为研究方向，仍未脱贪多务广的积习，论文之潦草当系自取其咎。南下工作数年，种种机缘下学术兴趣生变，纵有意修改，总不免虎头蛇尾。直至此番蒙单位鼓励，方才凝神定心、重整旧章，并力求参考新论、拾遗补阙。中央与地方关系议题的研究本就积淀深厚，而许多新成果的独到视角、精妙方法不免令笔者汗颜，也使得修改历程充斥着自疑与困惑，甚而导致许多部分几近重写。

最后出炉的这部作品仍远不足以称心如意，概念、理路甚至文字都有可斟酌处。此时若要细究问题缘由，怕是一不小心变成冗长而矫情的思想检讨。学术终究是甘苦自知的修行，并非一锤定音的竞逐。这份工作劳累、缓慢，所获常常微不足道，结局有时是徒劳无功。知识的探求，注定道阻且长，自我注定要经历不断地怀疑、失望和重建。如此想来，作品无论能否在知识演进的年谱中找到位置，读者或赞或贬或不屑一顾，对于作者也只不过是一段经历的见证罢了。

这段经历有种种不足为外人道处，更有蕴藉悠长的人情暖意。俞可平先生在我心中既是循循善诱的良师，也是慈父般亲切包容的长者。传道授业外，俞师心系家国天下的情怀与温润宽厚的人格魅力足为学人楷模，吾辈得以亲炙其晖，幸甚至哉。杨光斌教授气魄宏远、卓见迭出，不经意的点拨，直指我为文致思的要害，每每有振聋发聩之功。王续添教授、燕继荣教授、黄嘉树教授在答辩会上的中肯批评和意见让我受益匪浅。而今已为人师，指导学生劳神叹息之余，方才体会到当日诸位师长的耐心与付出何等不易。本书如尚有可观，当归于师长们悉心教化播下的种子。

十年前在史天健老师帮助下赴美交流，本书立意也可追溯于和史老师在其办公室的一次详谈。书成之际，史老师却已长别……唯有遥敬道山，献上一份深深的感激。

旧文的写作及此后的修改成书，有寄于许多朋友的襄助。他们是：石贤泽、田仲勋、王雷、黄小钫、郑维伟、黄俊尧、李德满、聂安祥、李学、陈福平、任锋。

本书得以问世，要感谢厦门大学公共事务学院陈振明、卓越、朱仁显、黄新华和罗思东等诸位领导的关怀。还要感谢中国社会科学出版社孔继萍编辑等朋友的细致审订，我的漫不经心在书稿中铸下的错误才得以避免。

我的父母是此书最遥远的牵绊，也是我最无可置疑的后盾。他们的付出是我最弥足珍贵的财富，也是最令我不安的亏欠。

当下的我，生活平静疏淡，似乎很难写出往昔感性深情的文字。看到妻子在屋内忙碌的背影，恍然明了：此情从未遗失、只是落定，不在别处、尽在此间……

李　剑

2016 年 5 月于鹭岛